GO

FYNY GYDA'R SWANS

Cyflwynedig i Darren Way

Fyny Gyda'r Swans

OWAIN TUDUR JONES

gydag Alun Gibbard

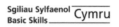

 **CYNGOR LLYFRAU CYMRU**

ISBN: 9781847711151

Mae'r cynllun Stori Sydyn yn fenter ar y cyd rhwng Sgiliau Sylfaenol Cymru a Chyngor Llyfrau Cymru. Ariennir y llyfrau gan Sgiliau Sylfaenol Cymru fel rhan o Strategaeth Genedlaethol Sgiliau Sylfaenol Cymru ar ran Llywodraeth Cynulliad Cymru.

Argaffwyd a chyhoeddwyd gan
Y Lolfa, Talybont, Ceredigion SY24 5AP.
gwefan www. ylolfa. com
e-bost ylolfa@ylolfa. com
ffôn 01970 832 304

UN O'R SWANS

WEL, AM FLWYDDYN! I fyny gyda'r Swans i'r Bencampwriaeth a chael fy newis i garfan Cymru am y tro cynta. Dyna ddigwyddodd yn 2008 i mi. Mae cael un o'r ddau beth yna'n rhywbeth sbesial i bêl-droediwr proffesiynol, ond mi fûm i'n ddigon ffodus i gael y ddau beth o fewn yr un flwyddyn, ac roedd hynny'n arbennig iawn. A dyma sut dechreuodd y cyfan.

Pan ges gyfle i arwyddo telera proffesiynol gyda'r Swans, mi ddaeth breuddwyd yn wir i mi. Cyn hynny, Clwb Pêl-droed Bangor oedd pob dim cyn belled ag ro'n i yn y cwestiwn. Ro'n i wedi bod yn chwara iddyn nhw ers pan o'n i'n bedair blynedd ar ddeg a braint yn 2005 fu cael fy newis yn gapten y clwb. Ces fy newis yn gapten pan oedd dau o gyn-hogia *Man U* – Clayton Blackmore a Simon Davies – hefyd yn chwara yn y tîm. Bangor oedd y tîm ro'n i wedi'i gefnogi er pan o'n i'n hogyn bach ac roedd yn grêt cael y cyfle i chwara efo nhw yng Nghynghrair Cymru, yn enwedig fel capten. Ond yna mi ddangosodd Abertawe ddiddordeb

5

yno' i ac roedd hynny'n anhygoel. Felly, yn dilyn treial, a chael fy nerbyn gan Kenny Jackett, i lawr â fi i'r Sowth i ennill fy mara menyn fel pêl-droediwr proffesiynol. Grêt!

Ers i mi ddechra cicio pêl erioed, cael bod yn chwaraewr proffesiynol oedd y freuddwyd. Ond doedd neb wedi dangos diddordeb yno' i tan haf 2005. Roedd hwnnw'n dipyn o haf i mi, a deud y gwir. Cael fy newis i dîm o'r enw'r Middlesex Wanderers i ddechra. Chwaraewyr *semi-pro*, o wahanol dima trwy Brydain, sy'n cael gwahoddiad i chwara i'r Wanderers, a'r flwyddyn honno mi ddaeth fy nghyfle i. Ar ben hynny, roeddan nhw'n mynd ar daith i Siapan, lle cafodd cystadleuaeth Cwpan y Byd ei chynnal dair blynedd ynghynt.

Mae gan y Siapaneaid feddwl mawr o dîm Middlesex Wanderers. Pan oedd pêl-droed yn ifanc iawn yn y wlad, roedd Wanderers wedi bod o gryn help i sefydlu nifer o dima yno a chynnig hyfforddiant i chwaraewyr unigol. Ugain mlynedd ynghynt, roeddan nhw hyd yn oed wedi chwara gêm yn erbyn tîm cenedlaethol Siapan.

Y rheswm dros fynd i Siapan yn 2005 oedd bod y Wanderers yn dathlu can mlynedd ers sefydlu'r clwb. Rhwng hynny a'r parch oedd i'r Wanderers yn y wlad beth bynnag, mi gawsom ni ein trin fel brenhinoedd am y deg diwrnod roeddan ni yno. Aros yn y gwestai gora posib – rhai a gafodd eu defnyddio ar gyfer Cwpan y Byd. Llofftydd moethus, anhygoel a phob dim roeddan ni ei angen. Ar y daith honno mi ges i flas ar sut mae'r chwaraewyr sy'n ennill miloedd bob wythnos – David Beckhams a Steven Gerrards y byd ma – yn byw o ddydd i ddydd.

Byw allan o siwtces fu hi yr haf hwnnw. O fewn diwrnod o ddod nôl o Siapan, ro'n i'n mynd ar daith gyda thîm *semi-pro* Cymru. Un o'r petha mwya cofiadwy am y daith honno oedd sgwrs efo dyn o'r enw John Relish, hyfforddwr cynorthwyol tîm Cymru. Yn ogystal â bod yn hoff o fy ffordd o chwara, roedd o hefyd yn ffrind agos i Kenny Jackett, rheolwr y Swans.

'Ti isio i mi gael gair efo fo?' medda fo wrtha i ar ddiwedd sesiwn ymarfer, un diwrnod.

'Iawn,' medda finna, yn fwy na pharod iddo roi gair da drosta i yng nghlust rheolwr y Swans. Roedd yn braf iawn gwybod bod rhywun fel John Relish yn credu bod digon o botensial yno' i.

Sut bynnag, ar ôl i daith yr haf ddod i ben, ces glywed fod Kenny Jackett yn bwriadu dod i ngweld i'n chwara yn y Rhyl mewn gêm gwpan Inter Toto yn erbyn FC Dinaburg o Latfia. Gêm bwysig, wrth gwrs.

Ond gêm flêr, heb fawr o safon oedd hi yn y diwedd, efo'r bêl yn cael ei chicio'n hir o'r naill ben o'r cae i'r llall, a finna yn y canol yn gneud dim ond ei gwylio hi'n mynd nôl a blaen dros fy mhen i. Sut yn y byd roedd posib i mi greu argraff dda? Ac ar ôl y gêm, wyddwn i ddim be i'w ddeud wrth Kenny Jackett.

Diolch byth, fodd bynnag, doedd gen i ddim i boeni'n ei gylch. Mi soniodd rywfaint am y gêm, a chydnabod ei bod hi'n gêm wael, ond aeth ymlaen wedyn i ddeud ei fod wedi cael argraff dda ohonof. Ond roedd yr hyn a wnaeth greu'r argraff arno'n syndod mawr i fi. *'I liked the way you handled yourself, your maturity in dealing with the whole situation, looking after the mascot, encouraging the team before and during the game. All that, and you're only twenty!'* medda fo.

Roedd o hefyd wedi gneud ei waith cartra. Roedd o'n gwybod mod i wedi sgorio cryn dipyn o golia i Fangor y tymor cynt. Ond, gobeithio'r gora oedd hi. Y cyfan allwn i ei neud oedd dal ar ei eiria caredig a gobeithio y bydda hynny'n ddigon i mi gael gwahoddiad i fynd ar dreial gyda'r Swans.

Pan ddaeth y gwahoddiad, i lawr â fi i ddinas Abertawe yn llawn gobaith. Pe bai pob dim yn mynd yn iawn, mi allwn i fod yn chwaraewr proffesiynol o fewn mis neu ddau. Roedd y Swans newydd ddod i fyny o'r Ail Gynghrair i'r Gynta, ac yn mynd i ddechra'r tymor mewn cynghrair newydd ac mewn stadiwm newydd.

Alla i ddim disgrifio'r cyffro ro'n i'n ei deimlo wrth i un o staff y clwb fynd â fi o gwmpas stadiwm y *Liberty* am y tro cynta. Er mor annwyl yn fy ngolwg oedd Ffordd Farrar ym Mangor, roedd y stadiwm newydd yma'n mynd i fod yn gryn dipyn o newid byd. Adnodda rhagorol, cae gwych a'r petha ychwanegol yn ogystal – yr *hospitality boxes*, y stafelloedd ciniawa, y lolfeydd ac ati. 'Waw!' oedd y gair yn fy mhen wrth gerdded o gwmpas. Ond ro'n i'n gwybod y bydda'n rhaid i mi godi safon fy ngêm yn sylweddol i gael fy nerbyn gan glwb mor uchelgeisiol ac mor llwyddiannus â'r Swans.

Yr hyn fydd yn digwydd fel rheol, pan fo chwaraewyr ar dreial yn Abertawe, yw bod y clwb yn talu am le iddyn nhw aros. Mae'r chwaraewyr mwya profiadol yn cael aros mewn fflat foethus yn y Marina, neu mewn gwesty crand yn y dre. Ond mae chwaraewyr ifanc yn cael eu lletya yn nhai rhai o'r cefnogwyr sy'n barod i gynnig help i'r clwb. Mae honno'n ffordd o gael bechgyn ifanc dibrofiad i setlo'n gynt ac i'w cadw rhag hiraethu gormod am eu cartrefi a rhag mynd oddi ar y rels yn y ddinas fawr hefyd, o bosib.

Ro'n i'n hynod o lwcus yn hynny o beth gan fod teulu gen i ym Mhontyberem, rhyw ugain milltir i'r gorllewin o Abertawe. Ces aros efo nhw dros yr wythnosa gynta. Mae Gwyn Elfyn – neu Denzil Pobol y Cwm fel y caiff ei adnabod gan lawer o bobol – yn gefndar i Nhad. Roedd aros gyda fo a'i deulu, a mwynhau eu cwmni a lletygarwch Caroline ei wraig, yn ei gneud hi'n dipyn haws i mi setlo yma yn y De. Ar ôl yr oria o ymarfer yn ystod y dydd, gall min nos fod yn hir iawn mewn dinas ddiarth, yn enwedig heb neb yn gwmni. Ond gallwn i fynd nôl i gartre perthnasa a mwynhau awyrgylch deuluol. O ganlyniad, mi fu hynny'n help mawr i mi allu canolbwyntio ar y pêl-droed heb orfod pryderu am betha eraill.

Mi ges i eitha syrpreis ar ôl un gêm gyfeillgar – gêm yn erbyn Forest Green, os cofia i'n iawn. Galwad ffôn oddi wrth reolwr Swindon Town. Roedd wedi bod yn fy ngwylio i'n chwara, mae'n debyg, ac wedi hoffi'r hyn roedd o wedi'i weld. *'I hope you don't mind me saying this,'* medda fo wrtha i, *'but you remind me of a poor man's Steven Gerrard.'*

Chwerthin wnes i, wrth gwrs, ond *poor man's version* neu beidio, ro'n i'n cymryd y geiria fel *compliment*! Heblaw am y geiria caredig roedd o

hefyd am gynnig contract tair blynedd i mi yn y
fan a'r lle. Ar y pryd doedd Abertawe ddim wedi
gneud unrhyw gynnig i mi, heblaw ymestyn
cyfnod y treial. Yna, o fewn dyddia, mi ddaeth
Tranmere i gysylltiad â fi, nhwytha hefyd yn
awyddus i gynnig contract. Meddyliwch. Neb
yn dangos diddordeb am flynyddoedd ac yna tri
chlwb yn dod efo'i gilydd. Fel bysys Llundain!

Ond os oedd Abertawe am gynnig telera i mi,
dyna lle ro'n i isio bod, heb unrhyw amheuaeth.
Roedd y Swans yn cychwyn ar bennod newydd
yn eu hanes – cynghrair newydd a stadiwm
newydd – ac yn uchelgeisiol iawn. O gymharu,
clwb hen-ffasiwn oedd Swindon, yn rhygnu
byw yn yr un gynghrair ers blynyddoedd. Ond,
wedi deud hynny, mi wyddwn i fod cael cynnig
contract ganddyn nhw yn mynd i weithio o
mhlaid i wrth i mi drafod efo'r Swans. A dyna
ddigwyddodd.

O fewn dyddia, mewn â fi i swyddfa Kenny
Jackett er mwyn trafod contract. Finna mewn
tipyn gwell sefyllfa wrth eistedd yno'n siarad ag
o a chynnig gan glwb arall yn fy mhocad ôl.
Mi weithiodd hefyd ac mi ges gynnig contract
gan Kenny Jackett. Mi wnes i neidio am y cyfle.
O'r diwedd, ro'n i wedi gwireddu rhan gynta
fy mreuddwyd. Ro'n i bellach yn chwaraewr
proffesiynol.

Fel y medrwch ddychmygu, mi fûm i ar biga'r drain yn aros am y gêm gynta. Diolch bod hogia'r garfan yn griw mor glên ac mor hawdd gneud â nhw. Erbyn rŵan, ro'n i hefyd wedi symud i fyw i Lanelli, ac yn aros efo Matthew, ffrind i mi o Fangor. Bu hynny hefyd yn help mawr i mi setlo. Dau o'r Bangor lads yn nhre'r Sosban!

O'r diwedd, mi ddoth y diwrnod mawr. Pum munud ar ddiwedd gêm destimonial yr anfarwol Alan Curtis yn erbyn Fulham. Ond pum munud yng nghrys gwyn y Swans, serch hynny. Yna hanner awr o gêm gyfeillgar arall yn erbyn Blackburn Rovers. Rhannu cae efo chwaraewyr fel Tugay. Fi, hogyn oedd yn chwara yng Nghynghrair Cymru wythnosau ynghynt. Anodd oedd credu fod petha wedi carlamu mor sydyn i mi.

'Chydig funuda ar ddiwedd gêm yn erbyn Tranmere oedd fy mhrofiad cynta i o chwara yn y gynghrair. A'r gêm lawn gynta i mi oedd yr un yn erbyn Doncaster, gartre ar y Liberty. Yna'r gêm yn Walsall. Honno dw i'n ei chofio orau. Pam? Am mai yn y gêm honno y sgoriais i fy ngôl gynta i'r Swans. Roedd yr ymosodwr, Akinfenwa, ar y llinell hanner a'i gefn at gôl Walsall. Derbyniodd y bêl ar ei frest ac, mewn un symudiad, mi gododd hi dros ei ysgwydd i gyfeiriad y gôl ac yn syth i fy llwybyr i. Dim ond y golwr oedd o mlaen i ac mi lwyddais i daro'r bêl yn galed i gornel isa'r rhwyd. Fy ngôl gynta yn y Gynghrair a phrofiad i'w gofio. Golwr Walsall ar y pryd oedd Andy Oakes. Yn fuan wedyn mi gafodd ei brynu gan y Swans ac, fel y medrwch chi ei ddychmygu, mi wnes i'n siŵr nad oedd o'n cael anghofio'r gôl honno'n fuan iawn!

Wrth arwyddo i'r clwb, roedd Kenny Jackett wedi'i gneud hi'n berffaith glir ei fod o'n disgwyl golia oddi wrtha i, o gofio mod i wedi sgorio 15 gôl i Fangor y tymor cynt.

Roedd bywyd yn braf i mi. Gyrfa newydd a chyfla i fod yn chwaraewr mewn tîm oedd yn anelu'n uchel. A phan ddaeth yn ddiwedd tymor, roedd y Swans wedi cyrraedd gêma'r ail gyfle tra bod Swindon, gyda llaw, ar fin disgyn i'r adran is. Symud i'r Bencampwriaeth rŵan oedd y nod, bellach, ac roedd yn adeg cyffrous i bawb. Ond, er i minna hefyd gael bod yn rhan o'r cyffro hwnnw, doedd petha ddim yn argoeli'n rhy dda i mi, mae gen i ofn. Un funud, ro'n i i fyny yn yr uchelfanna, a'r funud nesa i lawr yn y gwaelodion. Dyna sut mae hedfan gyda'r Swans wedi bod i mi.

DIM DIWEDD
AR YR ANAFIADA

Ofn mwya pob chwaraewr ydi'r anafiada sy'n gallu dod â phob peth i ben dros nos. Mae'n hawdd iawn cael anaf, fel y gwn i o brofiad. Beth bynnag mae rhai pobol yn ei ddeud, mae'r gêm y dyddia yma'n dal i fod yn gorfforol. Falla bod yr hen fois yn cwyno nad oes cymaint o wrthdaro rŵan ag oedd ers talwm ond mae'r chwara'n llawer cyflymach nag yn eu dyddia nhw ac ma'r tacls yn fflio i mewn.

Rydw i fy hun wedi cael mwy na fy siâr o anafiada. Pan o'n i'n chwara efo Bangor ar Farrar Road y dechreuodd y cyfan. Cael fy nghario ar *stretcher* i Ysbyty Gwynedd, ac yn syth oddi yno i ysbyty yng Nghroesoswallt am driniaeth ar anaf drwg i'r pen-glin. Yn fuan wedyn, roedd Bangor yn chwara gêm ail gymal yn Ewrop, yn erbyn tîm o Iwgoslafia, a hynny ar ôl i ni eu curo nhw yn y gêm gynta ar y Cae Ras yn Wrecsam. Siom fawr i mi oedd na ches i chwara yn y gêm honno. Do'n i meddwl fawr, ar y pryd, faint o anafiada eraill oedd yn f'aros i. Peth da oedd hynny falla.

Sut bynnag, mi ddois i dros y driniaeth ymhen amser a'r her wedyn, ar ôl ymuno ag Abertawe, oedd sicrhau fy lle yn nhîm Kenny Jackett. Mi aeth petha'n dda am sbel a dyna pryd y daeth yr alwad i ymuno â charfan dan 21 Cymru ar gyfer gêma cyfeillgar gartre yn erbyn Malta a Lloegr ac oddi cartre yng Ngwlad Pwyl. Fel y medrwch chi ei ddychmygu, ro'n i uwchben fy nigon.

Doedd y stadiwm yng Ngwlad Pwyl, rai milltiroedd y tu allan i Warsaw, ddim yn un o'r goreuon yn y byd. A deud y gwir, ro'n i wedi arfer efo cyfleustera llawar iawn gwell yn y Liberty yn Abertawe. Ond do'n i ddim yn cwyno am mod i'n cael cyfla i chwara dros fy ngwlad. Yn ystod y gêm, fodd bynnag, mi dderbyniais dacl flêr uffernol ac mi wyddwn i'n syth, oddi wrth y boen, nad oedd gen i obaith o ddal ati i chwara. Ac i neud petha'n waeth, 'No!' meddai swyddogion y Pwyliaid. 'No stretcher.'

Ro'n i'n methu credu'r peth. Gallwn glywed ffisio Cymru yn dadla'n ffyrnig, 'But it's a serious ankle injury. He can't walk on that.' Gwrthod naethon nhw, beth bynnag. Doedd dim un ffordd i'w cael nhw i roi stretcher i 'nghario i oddi ar y cae. Ac i neud petha'n waeth fyth, roedd y stafall newid cyn belled oddi wrtha i,

15

a finna ar fy nghefn ar y cae, ag y gallai hi fod. Felly, doedd dim amdani ond rhoi fy mhwysa ar ysgwydd y ffisio a gneud fy ffordd yn ôl yno ora y gallwn i.

Mi gadwodd yr anaf hwnnw fi allan o dîm y Swans am sbel ond mi ddaeth petha'n well unwaith eto.

Nadolig 2005 oedd fy Nadolig cynta fel chwaraewr proffesiynol ond doedd fawr o gyfle i ddathlu gan fod gêm Nos Galan yn erbyn Swindon yn aros amdanon ni. Doedd colli'r dathlu ddim yn fy mhoeni i o gwbwl. Chwarae nid dathlu oedd bwysica i mi. Ond weithiodd petha ddim o mhlaid i yn y gêm honno chwaith. Ro'n i'n sefyll ar linell y gôl yn amddiffyn pan ddaeth un o ymosodwyr Swindon i mewn fel injan stêm. Taclo rhywun arall oedd ei fwriad ond mi ddaeth allan o'r dacl honno ac yn syth drosta i. *Freak* o anaf! Poen uffernol unwaith eto ac yna'r geiria ro'n i wedi dod yn rhy gyfarwydd â nhw, erbyn rŵan. *'There's no way he can play on. He'll have to be carried off.'*

Anodd ydi disgrifio nheimlada wrth i mi gael fy nghario oddi ar y cae ac am y stafall newid. Ro'n i'n gwbod nad oedd y dacl wedi haeddu cerdyn melyn i chwaraewr Swindon gan nad oedd o wedi gneud llawer o'i le. Anlwc llwyr oedd y cyfan, cyn belled ag ro'n i yn y cwestiwn.

A rhaid deud ei bod hi'n dipyn haws derbyn anaf fel 'na nag un sy'n dod o ganlyniad i dacl fudr.

Wrth i mi dderbyn anafiada yn fwy cyson, bydda'r cwestiyna'n dod yn amlach hefyd. Dyna'r peryg efo anafiada. Nid y niwed corfforol ydi'r drwg mwya ond y cwestiyna diddiwedd sy'n codi yn y meddwl. 'Pam mae hyn yn digwydd i mi?' Petai'r anaf heb ddigwydd ar y foment honno, fydda fo wedi digwydd rhywbryd yn y dyfodol?

Oedd, roedd y cwestiyna yn codi eu pen yn amlach ac yn amlach ac yn dechra taflu cysgod dros fy nyfodol fel pêl-droediwr proffesiynol.

Sut bynnag, mi ges dri mis i hel meddylia. Tri mis arall allan o'r gêm. Tri mis o siom a theimlo'n isel fy ysbryd. A thri mis hefyd o blagio ffisio'r Swans efo'r cwestiyna oedd yn fy mhoeni i. Ond doedd yr atebion ddim ganddo ynta, chwaith, wrth gwrs.

Yna, mi ddaeth cyfnod arall o frwydro fy ffordd yn ôl i'r tîm. Tra o'n i wedi bod i ffwrdd, roedd y Swans wedi codi i frig y Gynghrair Gynta, wedi dechra llithro yn ôl ychydig, cyn dechra ailddringo unwaith yn rhagor. Roedd yn gyfnod da iawn i'r tîm ac i minna hefyd erbyn rŵan. Ro'n i wedi adennill fy ffitrwydd ac mi ges chwara ym mhob un o'r gêma ar ddiwedd y tymor, yn ogystal â'r gêma ail gyfle a rowndia terfynol dwy gystadleuaeth. Mi enillon ni ffeinal Cwpan y Premier yn erbyn Wrecsam a chael tlws yn fan'no ac yna mi enillon ni ffeinal yr LDV Vans yn erbyn Carlisle. Tlws arall.

Roedd yn brofiad a hanner cael chwara yn Stadiwm y Mileniwm, efo'r lle'n orlawn a'r to wedi'i gau. A chael yr un profiad wedyn yn y gêma ail gyfle, ac yn arbennig yn y rownd derfynol yn erbyn Barnsley. Roedd sŵn y cefnogwyr yn ddigon i fyddaru postyn. Baneri yn chwifio ymhobman. Doedd dim un o'r bois wedi bod yn rhan o unrhyw beth tebyg i hyn o'r blaen. A deud y gwir, mi ddylen ni fod wedi ennill y gêm honno, a chodi i gynghrair y Bencampwriaeth ddwy flynedd yn gynt nag a naethon ni. Roedd y tîm yn chwara'n dda ac yn rheoli'r gêm am gyfnoda hir ond eto i gyd mi fethon ni â sgorio ac ennill y gêm. Mae'r hyn a ddigwyddodd yn hen hanes erbyn hyn, wrth gwrs. Cyfartal ar ôl chwara amser ychwanegol, a'r cyfan yn cael ei benderfynu ar gicia o'r smotyn. Dydw i rioed wedi teimlo tensiwn fel 'na o'r blaen. Dw i erioed wedi teimlo cymaint o ryddhad wedyn, chwaith, o weld fy nghic i'n taro'r rhwyd. Yna, un o'n hogia ni'n methu, a gobeithion y tîm i gyd yn diflannu. Cynghrair Un amdani am dymor arall, felly.

Doedd dim cysuro ar lawar o'r bois. *'Worst day of my life!'* meddai Garry Monk y capten, a dyna sut roedd pawb arall hefyd yn teimlo, gan mai ennill dyrchafiad ydi gobaith pob chwaraewr. Mi deimlais inna'r siom, wrth gwrs, ond ro'n i'n iau na'r rhan fwya ohonyn nhw a dim ond megis dechra ar fy ngyrfa ro'n i. Gan mod i'n newydd i'r gêm broffesiynol dw i'm yn meddwl i mi sylweddoli'n iawn, ar y pryd, mor bwysig oedd y cyfla a gafodd ei golli.

Teimlada cymysglyd oedd gen i pan ddaeth y tymor hwnnw i ben. Cofio'r cyffro o gael troi'n broffesiynol, cofio'r wefr o fod yn rhan o dîm dan 21 Cymru, cofio siom yr anafiada ac o orfod treulio'r holl amser yn y *gym* yn hytrach nag ar y cae. Ond, wedi deud hynny, ro'n i hefyd yn rhan o dîm oedd yn llwyddo ac wedi ennill dau dlws, yn ogystal â chymryd rhan yn rownd derfynol y gêma ail gyfle. Felly, er gwaetha popeth, roedd petha'n argoeli'n dda at y tymor nesa. Neu felly ro'n i'n meddwl ar y pryd, beth bynnag.

Yn ystod y gêma ar ddiwedd tymor, ro'n i wedi cael lle i bryderu ychydig ynglŷn â rhyw boena bach ro'n i'n eu diodda yn fy mhen-glin, o bryd i'w gilydd. Mi ddaeth egwyl byr yr haf â chyfle i mi grybwyll y broblem wrth y ffisio ac mi awgrymodd mod i'n mynd i weld yr arbenigwr, Dai Rees yng Nghroesoswallt. Ro'n i'n fwy na pharod i neud hynny gan mod i wedi derbyn triniaeth ganddo cyn hynny pan o'n i'n chwara i Fangor. Ro'n i'n gwybod hefyd mor uchel ei barch oedd o ymhlith chwaraewyr. Ond doedd petha ddim mor syml ag ro'n i wedi'i obeithio oherwydd mi fu'n rhaid i mi gael llawdriniaeth.

Wrth i mi ddeffro o'r anaesthetig dechreuodd Dai Rees egluro fel y bu'n rhaid iddo neud rhywbeth ar y ben-glin nad oedd wedi bwriadu ei wneud. 'Roedd yn rhaid i mi neud *micro-fracture procedure*,' medda fo, 'gan fod *tissue* dy ben-glin yn rhy wan ac wedi rhwygo. Roedd yn rhaid i mi ddelio efo'r broblem honno ac wedyn drilio tylla bach yn asgwrn padell y ben-glin er mwyn gneud iddo fo waedu, fel bod y gwaed wedyn yn creu rhywfaint o *cartilage* newydd i ti.' A'i frawddeg olaf oedd, 'Mi fyddi di allan o'r gêm am ryw dri mis. Pedwar, falla.'

Am fy mod i'n dal o dan effaith yr anaesthetig ar y pryd, wnes i ddim sylweddoli'n iawn be oedd o wedi'i ddeud wrtha i. Ond yn y car ar y ffordd adra mi ddechreuodd y frawddeg olaf honno ddyrnu drosodd a throsodd yn fy mhen, fel esgid mewn peiriant golchi. 'Allan eto,' meddwn i wrtha fy hun. 'Tri mis! Pedwar, falla.' Fedrwch chi ddychmygu sut ro'n i'n teimlo?

Y cam cynta ar ôl cyrraedd adra oedd ffonio Richie Evans y ffisio, er mwyn egluro'r sefyllfa iddo. Ro'n i'n poeni be fyddai ei ymateb, a be fyddai ymateb y Clwb. Fydden nhw am gael gwared arna i? Oedd fy ngyrfa i wedi dod i ben mor fuan â hyn? Roedd y posibiliada yn rhai real iawn ac yn codi ofn arna i. Ond doedd dim rhaid poeni, diolch byth. 'Gora po gynta i ti ddechra ar *rehab* yn y *gym*, felly,' medda Richie.

Ro'n i wedi bod mewn sefyllfa fel hon fwy nag unwaith o'r blaen ac yn gwybod, erbyn rŵan, mai'r unig ffordd o ddelio efo'r peth oedd trwy ddeud wrtha fi fy hun, 'Mi fydd yn werth yr ymdrach i ti yn y diwadd'. Ond haws deud na gneud. Ro'n i'n teimlo'n isel iawn a ddim am fynd i'r *gym*, hyd yn oed. Pam? Am mod i wedi cael llond bol ar weld yr un hen wyneba yno ddydd ar ôl dydd tra bod yr hogia eraill yn cael mynd allan ar y cae i gicio pêl.

Ro'n i'n arfar mwynhau gwylio ambell gêm oddi ar y llinell ond roedd hynny hefyd rŵan yn syrffed. Ro'n i'n dechra gweld gormod o gêma o'r fan honno erbyn hyn. Yr unig gysur i mi ar y pryd oedd mod i'n gwella'n raddol ar ôl y driniaeth.

Mi fethais gymryd rhan yn y paratoada ar gyfer y tymor newydd ond erbyn diwedd

Medi a dechra Hydref, ro'n i'n barod i ailgydio yn y chwara. Roedd Dai Rees wedi rhybuddio y byddwn i'n diodda ambell boen bach yn y ben-glin am fis neu ddau, ond nad oedd angen i mi bryderu gan fod hynny'n rhywbeth i'w ddisgwyl.

Mi es ati, felly, i ymarfer yn galed i adennill fy ffitrwydd ac i gael fy lle'n ôl yn y tîm. Ac mi lwyddais i neud hynny go gyfer â'r gêm yn erbyn Walsall yng nghystadleuaeth LDV Vans. O'r diwedd. Ac yn well byth, sgorio hefyd yn y gêm honno! A do, mi deimlais y poena bach hynny roedd yr arbenigwr wedi sôn amdanyn nhw. Ond be oedd peth felly o'i gymharu â'r wefr o chwara ac o sgorio gôl?

Aeth wythnosa heibio ac ro'n i'n dal i deimlo poen. Yna, yn y gêm yn erbyn Bournemouth, wrth groesi'r bêl gyda nhroed chwith mi deimlais fy mhen-glin dde yn diflannu oddi tana i nes mod i ar fy hyd ar lawr. Roedd o'n deimlad od iawn, yn union fel taswn i wedi cael cam gwag, ond mi godais ar fy nhraed a mynd ymlaen efo'r gêm. Yn ystod yr egwyl ar hanner amser, mi soniais am y peth wrth y ffisio.

'Ocê. Dos nôl at yr ail hanner,' medda fo. 'Mi fydda i'n cadw llygad arnat ti ac os bydd yr un peth yn digwydd eto yna gad i mi wybod.'

Ymlaen â fi i'r ail hanner ond wedi pum

munud yn unig roedd hi'n amlwg i mi ac i bawb arall nad o'n i'n gallu rhedeg yn iawn. Dim ond un ateb oedd, felly. Gadael y cae. Ond o leia gneud hynny heb orfod cael fy nghario y tro yma!

Waeth i mi gyfadde ddim, ro'n i bron yn fy nagra wrth siarad â Kenny Jackett ar ôl y gêm honno. Nid oherwydd y boen ond oherwydd yr ofna. Ar ôl pob dim oedd wedi digwydd, ro'n i'n sicr yn fy meddwl bod fy ngyrfa i fel pêl-droediwr proffesiynol ar fin dod i ben. Roedd y siom yn cnoi tu mewn i mi.

Ond yn groes i'r hyn ro'n i wedi'i ofni, roedd Kenny'n llawn cydymdeimlad, yn benna efalla am ei fod o ei hun wedi gorfod rhoi'r gora i'w yrfa fel chwaraewr oherwydd anaf i'w ben-glin. Roedd o, felly, yn deall fy sefyllfa i'n well nag amal i un, a diolch i'r drefn am hynny. *I'm not ruling you out of next week's game,'* medda fo. *'So let's work on that knee and take it from there.'*

Ar yr un adeg yn union, ro'n i wedi cael fy ngalw i garfan lawn Cymru ac roedd sesiyna ymarfer wedi cael eu trefnu i'r garfan honno. Roedd cael yr alwad, wrth gwrs, yn wefr anhygoel ac yn anrhydedd o'r mwya ond ro'n i'n dal i fod yn bryderus ynglŷn â'r ben-glin. Ac roedd gen i achos da i bryderu, fel y digwyddodd hi. Dim ond sesiwn a hannar yn unig o ymarfer a ges i gyda'r garfan lawn cyn gorfod gadael y cae unwaith eto a theimlo'r gobaith am gap cynta'n diflannu'n llwyr. Fedrwch chi ddychmygu fy siom? Fedrwch chi ddychmygu'r cwestiyna a'r amheuon oedd yn mynd trwy fy mhen i? Beth oedd yn mynd i ddigwydd nesa? Yn reit siŵr, do'n i ddim yn disgwyl yr ateb a ddaeth!

YN YSBYTY'R SÊR

ROEDD GORFOD TREULIO CYFNODA hir allan o'r gêm yn cnoi i mewn i'r cariad oedd gen i at bêl-droed. Mae'r cariad hwnnw wedi bod yn gryf ynof i ers i mi gicio pêl am y tro cynta erioed. Ers pan o'n i'n ifanc iawn dw i wedi bod yn gyfarwydd â chyffro cystadleuol pêl-droed. Am fy mod ymhell dros fy chwe troedfedd, dw i wedi cael chwara mewn timoedd i oedolion ers pan o'n i ond yn 16 blwydd oed a hynny ar sawl lefel wahanol. Y cyffro o fwynhau llwyddiant ac o ddelio efo siom; y cyffro ar y cae wrth frwydro am y bêl a'r boddhad a ddaw dro arall o'i rhoi hi yng nghefn y rhwyd. Ond rŵan, am y tro cynta erioed, roedd rhywbeth yn dechra bygwth y cariad hwnnw. Roedd pob anaf yn lladd ychydig ohono ar y tro, fel lleidr yn ei ddwyn oddi arna i fesul tipyn. A'r hyn oedd yn anodd i'w dderbyn oedd mai rhywbeth o fewn y gêm ei hun oedd yn achosi hynny, er gwaetha pob cefnogaeth ro'n i'n ei gael gan y Swans.

Wrth fynd i weld Kenny Jackett yn ei swyddfa, ro'n i unwaith eto'n poeni be oedd yn f'aros i. Ro'n i wir yn meddwl ei fod o'n mynd i ddeud wrtha i am hel fy mhac; bod fy ngyrfa efo'r Swans ar ben. Mae un peth yn siŵr – do'n i ddim yn disgwyl y cwestiwn a gafodd ei ofyn gan Richie Evans, ffisio'r clwb: '*Do you know of Dr Richard Steadman?*'

Dr Richard Steadman! Yr arbenigwr byd-enwog ar anafiada pen-glin ym myd chwaraeon! Wrth gwrs fy mod yn gwybod amdano. Fo oedd wedi dyfeisio'r driniaeth *meicro-fracture* a ges i yng Nghroesoswallt gan Dai Rees. Felly, beth oedd yn cael ei awgrymu? Oedd y clwb am i mi gael barn hwnnw? Er bod Abertawe'n un o glybia mwya'r Gynghrair Gynta, byddai'n benderfyniad mawr iawn iddyn nhw anfon un o'u chwaraewyr i America am driniaeth. Ond mi ges glywed wedyn eu bod nhw eisoes wedi ystyried y posibilrwydd hwnnw ac wedi dechra gneud ymholiada.

Un diwrnod, yn fuan ar ôl i mi fod yn trafod efo Kenny Jackett a Richie, mi ddaeth Darren Way ata i. Ers iddo ymuno â'r Swans o Yeovil, roedd o, Garry Monk a finna wedi tyfu'n dipyn o ffrindia. Digwyddodd hyn yn bennaf oherwydd i ni'n tri orfod treulio llawer o amser efo'n gilydd yn y *gym* ac yn stafell y ffisio.

'*I hear you're going to America for treatment on your knee?*' medda fo.

'*I don't think so,*' medda finna. '*Who told you that?*'

'*Well, a while back the gaffer wanted me to ask Craig what Dr Richard Steadman was like and if he'd solved his injury problems. I just assumed that he was asking because of you.*'

Craig oedd Craig Bellamy, ffrind da i Darren, ac un a oedd wedi derbyn triniaeth ar ei benglin yng nghlinig Dr Steadman yn America. Roedd yn amlwg felly bod Kenny Jackett am wybod cymaint ag a allai am waith Steadman. Ac roedd Darren yn iawn. Holi roedd Jackett am ei fod yn ystyried fy anfon i ato i dderbyn yr un driniaeth â Bellamy.

Roedd yn benderfyniad mawr, i mi ac i'r Clwb, ac mi fues i'n trafod y peth efo fy rhieni, efo Nikki, fy nghariad, efo ffisio Abertawe ac efo nifer o ffrindia agos. 'Wrth gwrs y dylet ti fynd!' Dyna oedd pawb yn ddeud. Ond doedd neb wedi trafod y gost, na phwy fydda'n talu am y daith ac am y driniaeth. Allwn i fforddio talu am y cyfan, pe bai rhaid? Yr ateb, yn syml, oedd 'Na'.

Doedd gan Craig Bellamy ddim byd ond canmoliaeth i waith Dr Steadman, mae'n debyg, ac roedd yn fy annog i fynd i America am y driniaeth. Diolch i Darren Way, mi wyddai Craig pwy o'n i erbyn rŵan, am ein bod ni wedi

27

cael rhywfaint o gwmni'n gilydd yng ngharfan Cymru.

Y cam nesa fu cael cyfarfod rhwng fy asiant a Mr Huw Jenkins, Cadeirydd Clwb Pêl-droed Abertawe. Fo oedd dyn yr arian. Roedd yn gyfarfod o drafod o ddifri, cyfarfod o bwyso a mesur pob agwedd, a phob ceiniog hefyd. Canlyniad y cyfarfod hwnnw fu i'r clwb gytuno i dalu am fy nhriniaeth. Ro'n i uwchben fy nigon. I feddwl bod Clwb Abertawe yn barod i fuddsoddi cymaint â hynny yn fy nyfodol i gyda'r Swans! Ond, ar yr un pryd, roedd y penderfyniad yn rhoi llawer o bwysa ar f'ysgwydda inna hefyd. Roedd y Clwb wedi dangos ffydd aruthrol yno' i. Fedrwn i dalu'n ôl iddyn nhw, byth? Ond cwestiwn i'w drafod rywbryd arall fydda hwnnw gan fod gen i drip i America i'w drefnu.

Yn Vail, Colorado, sef pentre sgïo yn y Rockies, mae clinig Dr Steadman a chafodd Richie Evans, y ffisio, ddod yno efo fi'n gwmni. Glanio yn Denver ar Ragfyr 20 yng nghanol y tywydd mwya garw i'r ardal honno ei gael ers blynyddoedd lawer. Storom eira go iawn. Yna, llogi car yn y maes awyr, a dewis Ford Mustang coch. *Living the American Dream!* Mae Richie'n deud mai mhenderfyniad i oedd o, a finna'n deud fel arall!

Rhwng y tywydd a bod yn y Rockies, roedd gynnon ni dipyn o broblem. Y stormydd eira gwaetha i Colorado eu cael ers blynyddoedd lawer, a dau o Gymru yn ddigon hurt i fentro ar daith deirawr drwy'r mynyddoedd, mewn Ford Mustang o bob dim. A ninna yng ngwlad y *4x4s*!

Sut bynnag, wedi antur helbulus a ninna wedi blino'n llwyr, mi gyrhaeddon ni Vail, a dod o hyd i glinig Richard Steadman. Lle anhygoel ydi hwnnw; yn ddigon i fynd â gwynt rhywun. Yno, yn y cyntedd, roedd crysa wedi eu harwyddo gan rai o'r sêr a fu'n derbyn triniaeth yno – Michael Owen, Alan Shearer, Ruud Van Nistelroy, a neb llai na'r Brasiliad Ronaldo ei hun. Yn ogystal â chwaraewyr enwog pêl-droed roedd sêr mwya disglair pêl-droed Americanaidd a sêr pêl-fasged wedi bod o dan ei ofal hefyd. Ar y pryd, roedd Mary Pierce, y seren tennis o Ffrainc, a Ronnie Irani, aelod o dîm criced Lloegr, hefyd yn derbyn triniaeth yno. Ac yn eu plith, fi, Owain Tudur Jones, chwaraewr canol cae y Swans!

Ar yr ail ar hugain o Ragfyr, ces gwrdd â Dr Richard Steadman am y tro cynta. Gŵr urddasol, tua saith deg oed, a oedd wedi dyfeisio'r triniaetha arloesol ar y pen-glin. Roedd o'n adnabod pobl wrth eu penglinia yn hytrach na'u hwyneba, meddan nhw! Synnwn i fawr nad oedd hynny'n wir. Roedd o wedi casglu tîm arbennig at ei gilydd yn Vail; pobol oedd yn deall nid yn unig sut i drin yr anafiada ond hefyd y problema roedd yr anafiada hynny'n eu creu.

Derbyniais lawdriniaeth y diwrnod ar ôl cyfarfod â Doctor Steadman ac wedyn cychwynnodd Richie, y ffysio, yn ôl am adre er mwyn bod efo'i deulu dros y Nadolig. Bu'n rhaid iddo wynebu'r daith hir yn ôl drwy'r Rockies yn y Mustang coch! Ac i neud petha'n waeth, ers i ni gyrraedd Vail roedd y maes awyr yn Denver wedi bod ar gau oherwydd y tywydd. Byw mewn gobaith roedd Richie, felly, y bydda hwnnw wedi ailagor erbyn iddo gyrraedd yno. Y newyddion da, fodd bynnag, oedd iddo gael mwynhau'r Nadolig efo'i deulu.

Ond pur wahanol oedd fy sefyllfa i. Ro'n i'n gwella yn dilyn y driniaeth ond yn wynebu Nadolig unig. Yn ffodus, fodd bynnag, roedd y pentre'n lle bendigedig ac ro'n i'n cael pob gofal yn y clinig. A dw inna'n ddigon bodlon efo fy nghwmni fy hun yn amal, felly doedd petha ddim mor ddrwg â hynny i mi.

Dros y dyddia nesa mi ddois i ddeall mwy a mwy am yr anaf oedd wedi dod â fi i Golorado. Roedd y meddyg wedi rhoi camera i mewn yn y ben-glin ac wedi gweld *scar tissue* a fu yno ers fy nyddia efo clwb pêl-droed Bangor, ac a oedd wedi tyfu'n eitha trwchus dros y blynyddoedd. Y driniaeth yng nghlinig Dr Steadman oedd y pedwerydd tro i mi dderbyn llawdriniaeth ar fy mhen-glin dde. Y cysur mawr rŵan oedd cael clywed fod petha'n argoeli'n dda.

Mi ddaeth yr amser, o'r diwedd, i mi fynd adre. Yn ôl, felly, trwy'r Rockies. Ond nid mewn Mustang coch, diolch byth. Tipyn o brofiad fu'r daith adre trwy fynyddoedd mor ffantastig a chael eu gweld yn eu holl ogoniant. Does gen i ddim cywilydd cyfadda bod dagra yn fy llygaid yn ystod y daith honno, wrth i mi gofio geiria olaf Dr Steadman cyn i mi adael ei glinig – *'You have an 80% chance of playing again.'*

Ond roedd cyfnod hir arall yn y *gym* o'm blaen a bûm yn gweithio'n galed, eto fyth, i gryfhau'r cyhyra a chyrraedd y safon angenrheidiol o ffitrwydd er mwyn adennill fy lle yn nhîm y Swans. Ond roedd newid ar y gorwel. Roedd Kenny Jacket yn gadael a Roberto Martinez yn mynd i gymryd ei le fel rheolwr. Roedd hynny'n codi cwestiwn arall i mi. Ar ôl bod allan o'r gêm gydag anaf am gyfnod mor hir, a fedrwn i greu digon o argraff ar y rheolwr newydd? Nid bod Roberto Martinez yn ddiarth i mi. Ro'n i wedi cyd-chwara efo fo droeon ar y Liberty cyn iddo adael y Swans ac roedd gen i barch mawr iddo fel chwaraewr ac fel person. *'Tosh and Keegan'* fydda'r hogia yn ein galw ni, o ran hwyl, am mod i mor dal ac am fod gan Roberto lond pen o wallt cyrls! Ond roedd petha wedi newid, rŵan, wrth gwrs. *Keegan* oedd y bòs, bellach! Penderfyniad Kenny Jackett oedd dod â fi i Abertawe ond Roberto, erbyn hyn, oedd â'r cyfrifoldeb o ddewis y tîm.

Gyda chryn dipyn o ansicrwydd yr es i i'w gyfarfod o am y tro cynta yn ei swydd newydd. Ro'n i'n mynd ato fel chwaraewr a fu'n diodde o anaf am amser hir ac yn debygol o fod allan eto am gyfnod amhenodol. Beth fyddai ganddo fo i'w ddeud?

'OK, Owain, you don't have to worry about anything. Let's forget this season if you want, and concentrate on getting fit for pre-season in the summer.'

Miwsig i'm clustia! A rhyddhad mawr. Dyma fwy nag ro'n i wedi'i obeithio amdano, ac rwy'n ddiolchgar iddo hyd heddiw am roi'r gobaith hwnnw i mi. Er gwaetha hynny, fodd bynnag, mi fu'r misoedd nesa yn gyfnod anodd iawn i mi a doedd y ffaith fod rheolwr newydd wrth y llyw ddim yn gneud petha'n haws.

Roedd patrwm chwara Martinez yn gwbwl wahanol i'r un ro'n i wedi arfer ag o efo Kenny Jackett ac ro'n i'n holi fy hun sut y byddwn

i'n ffitio i mewn i'r steil newydd. Yn ogystal
â hynny, roedd Roberto'n brysur yn prynu
chwaraewyr i greu carfan newydd iddo'i hun.
Rhywbeth digon naturiol, wrth gwrs. Ond beth
petai rhai o'r chwaraewyr hynny'n cymryd fy
lle i?

Oedd, roedd yr ansicrwydd a'r amheuon
yn ôl. A finna'n methu gneud unrhyw beth o
gwbwl i brofi fy ngallu ar y cae.

Mi ddois i sylweddoli un peth yn fuan iawn
am y rheolwr newydd, sef bod y chwaraewyr yn
ei garfan yn datblygu fel unigolion; nid yn unig
fel chwaraewyr ac aeloda o dîm ond hefyd fel
personoliaetha.

Trwy ymarfer ac ymweliada cyson â'r *gym*
ro'n i unwaith eto'n teimlo'n agos at gyrraedd y
lefel angenrheidiol o ffitrwydd ac at fod mewn
sefyllfa i greu argraff ar y rheolwr newydd a
chael bod yn rhan o'i gynllunia. Ddigwyddodd
hynny ddim erbyn y cyfnod *pre-season* ond
erbyn mis Medi ro'n i'n rhan o'r ymarferion
llawn unwaith eto. Roedd naw mis wedi mynd
heibio ers i mi ymweld â Doctor Steadman yn
America.

Ces ychydig gêma i'r ail dîm ac roedd hynny'n
deimlad braf. Ro'n i'n hapus iawn efo'r ffordd
roedd petha'n datblygu ac roedd nod pendant
o mlaen i unwaith eto. Bwriad y bòs oedd rhoi

gêm i mi yn erbyn Gillingham ymhen wythnos ond cyn hynny roedd disgwyl i mi brofi fy ffitrwydd gyda'r ail dîm yn erbyn Yeovil. Ar ôl yr holl siomedigaetha, fedrwch chi ddychmygu mor obeithiol ro'n i'n teimlo?

Ond roedd yr anlwc i barhau! Wrth daclo un o chwaraewyr Yeovil, mi deimlais boen dychrynllyd yn fy ffêr, ond ro'n i'n benderfynol o aros ar y cae i gael gorffen y gêm. A thros yr wythnos nesa mi wnes fy ngora i anwybyddu'r boen, gan barhau i ymarfer o ddydd i ddydd. Ro'n i mor awyddus i brofi fy ffitrwydd, nid yn unig ar gyfer y gêm yn erbyn Gillingham ond ro'n i hefyd wedi derbyn galwad arall i ymuno â charfan Cymru ar gyfer gêma yn erbyn yr Almaen ac Iwerddon. Roedd blwyddyn union wedi mynd heibio ers i mi golli'r cyfle am fy nghap cynta.

A cholli'r cyfle wnes i yr eildro hefyd, yn ogystal â cholli'r gêm yn erbyn Gillingham. O ganlyniad i'r dacl boenus yn erbyn Yeovil, bu'n rhaid i mi gael dau sgan ar fy ffêr. Y cynta'n obeithiol ac yn dangos fod popeth yn iawn ond yr ail yn profi bod asgwrn y ffêr wedi'i dorri a bod darn bychan o waelod y tibia hefyd wedi torri'n rhydd. Roedd y peth fel hunllef, hyd yn oed i rywun fel fi oedd wedi gorfod wynebu cymaint o newyddion drwg yn ystod fy ngyrfa.

Roedd gen i ofn gofyn pa mor hir y byddwn i allan y tro yma.

'Tri mis!'

Roedd fel dedfryd carchar, a thorrais fy nghalon wrth i don ar ôl ton o gwestiyna ddod unwaith eto i'm poeni. Yr un hen gwestiyna cyfarwydd a rhai newydd hefyd. Ydy fy nghorff i'n gallu dygymod â bod yn bêl-droediwr proffesiynol? Beth am fy ffordd i o chwara? Oes rhywbeth o'i le ar y ffordd dw i'n taclo? Ynte ai anlwc ydi hyn i gyd? Doedd dim ateb amlwg yn cynnig ei hun.

Ro'n yn teimlo mod unwaith eto wedi siomi llawer iawn o bobol, gan gynnwys y ddau reolwr, Roberto Martinez a John Toshack. Beth fyddai ymateb yr hogia yng ngharfan Cymru a minna wedi gorfod tynnu yn ôl oherwydd anaf ddwywaith?

FFIT UNWAITH ETO!

Nɪᴅ ᴍɪs Mᴀᴡʀᴛʜ ʏɴ Huddersfield ydi'r peth
cynta a ddaw i'r meddwl wrth sôn am betha da
bywyd. Ac nid yn fan'no y bydda rhywun yn
dewis dathlu dydd Gŵyl Dewi, fel rheol. Ond
ar ddydd Gŵyl Dewi 2006 do'n i ddim isio bod
yn unlle arall oherwydd ro'n i'n ffit unwaith
eto ac yn ôl yn y garfan. Gêm oddi cartre
yng Ngogledd Lloegr ar ddiwrnod ein nawdd
sant. Fy ngêm gynta o dan y rheolwr newydd,
Roberto Martinez. Be'n well? Roedd y misoedd
o chwysu yn y *gym* a'r oria o ymarfer caled ar
y maes wedi talu i mi, gobeithio. Y corff wedi
adennill ei ffitrwydd a'r holl fynyddoedd oedd
yn fy wynebu wedi eu concro unwaith eto.
Roedd ateb wedi dod i'r holl amheuon a'r holl
gwestiyna.

Am i mi fod i ffwrdd mor hir, ro'n i wedi colli
un ddefod bwysig o dan y rheolwr newydd. Yr
initiation ceremony! Mae'n arferiad gan reolwr
newydd i osod tasg i bob chwaraewr. Mi wnaeth
Kenny Jackett hynny ac roedd Martinez am
wneud hefyd. Erbyn i mi ailymuno efo'r garfan,

roedd yr hogia eraill i gyd wedi cyflawni eu tasga nhw. Fy nhro i oedd hi rŵan.

A'r sialens oedd sefyll ar ben cadair neu fwrdd a chanu cân i mewn i feicroffon dychmygol, i ddiddori pawb. Roedd yn rheol na chawn i ddim canu'r anthem genedlaethol, er ei bod hi'n ddydd Gŵyl Dewi, na chwaith un o'r caneuon mae'r cefnogwyr yn eu canu ar y teras bob Sadwrn. Ac am ryw reswm, chawn i ddim canu 'Wonderwall' gan Oasis chwaith a doedd gen i ddim ffansi trio *Nessum Dorma*! Fy newis i yn y diwedd oedd 'Don't Want To Miss a Thing', un o ganeuon Aerosmith. Ond roedd gen i broblem arall. Am fy mod i mor dal, allwn i ddim sefyll ar fwrdd na chadair heb daro fy mhen yn y nenfwd, felly mi ges ganiatâd cyndyn i gadw fy nhraed ar lawr. Efo'r lle'n llawn dop a'r garfan i gyd yn gweiddi ac yn clapio a finna'n gwrido braidd mewn cywilydd, mi godais a chanu. Wnes i ddim mwynhau'r profiad gan nad ydw i'n hoffi cymryd rhan yn gyhoeddus. Mae hynny'n beth anodd i'w gredu, falla, o feddwl mai chwara o flaen 18,000 ar y Liberty ar bnawn Sadwrn ydi be dw i'n hoffi'i neud fwya. Sut bynnag, pwrpas yr *initiation*, mae'n debyg, ydi tynnu pob un ohonon ni allan o'n *comfort zone*. Wel, mi wnaeth o hynny i mi, yn sicr.

Do'n i ddim ar y fainc yn erbyn Huddersfield

ond yn syth ar ôl y gêm roedd y garfan yn hedfan allan i Barcelona. Roedd Martinez wedi trefnu pedwar diwrnod o wersyll hyfforddi, yn gymysgedd o ymarfer a chwara gêma cyfeillgar. I mi, allai'r amseru ddim bod llawer yn well. Roedd yn gyfla gwych i mi wella ar fy ffitrwydd a chryfhau mwy ar y corff. Ac yn reit siŵr roedd bod yn Barcelona ym mis Mawrth yn dipyn gwell na bod yn Huddersfield!

Ro'n i'n awyddus i chwara mewn cymaint o gêma â phosib a thrwy hynny profi fy ffitrwydd, ond roedd profiad wedi dysgu i mi hefyd i beidio â mentro gormod. Pwyll oedd pia hi. Felly, mi ddewisais beidio â chwara yn y gêm bractis gynta roedd Roberto wedi'i threfnu. Do'n i ddim yn teimlo mod i'n hollol barod amdani a chwara teg i'r rheolwr, roddodd o ddim pwysa arna i chwaith i ailfeddwl. Roedd gen i ofn difetha'r gwaith da oedd wedi cael ei neud arna i'n barod.

Felly, gwylio'r gêm gynta honno wnes i yn erbyn cyfuniad a ail dim a thîm cynta Español.

Yr haf cynt roedd Roberto wedi arwyddo Guillem Bauza o Español ac roedd Guillem wedi creu argraff dda iawn yn ei dymor cynta. Fo hefyd oedd y Sbaenwr cynta o nifer i Martinez ei arwyddo i'r Swans.

Ar ôl dod nôl o Sbaen, roedd gêm fawr yn

ein hwynebu. Y cyfarfod cynta rhwng Roberto a Kenny Jackett. Y Swans yn erbyn Millwall, tîm newydd Jackett. Gêm anodd ar y gora, ac un a gafodd lawer iawn o sylw gan y wasg, wrth gwrs. Ar ddiwadd y dydd, Millwall enillodd ac roedd llawer wedyn yn holi pam y bu'n rhaid i Jackett adael o gwbwl.

Fel sy'n digwydd yn amal, mae anlwc i un yn golygu cyfla i un arall, a gan fod Garry Monk allan o'r gêm nesa yn erbyn Bristol Rovers, mi ges i fy lle ar y fainc. Ar ôl rhyw bum munud o'r gêm, cafodd Dennis Lawrence andros o dacl wael, ac i lawr ag o. Mae'n rhyfadd y teimlada sy'n mynd drwy feddwl chwaraewr pan fo rhywbeth fel'na yn digwydd. Gobeithio bod y chwaraewr yn ocê. Meddwl falle bo cyfla i fi fynd ar y cae. Ond, wedyn, pe baswn i'n chwara, bydda'n rhaid i mi chwara mewn safle gwahanol. Nid dyna'r lle gora i ddechra ailchwara ar ôl bod i ffwr' mor hir. Roedd fy nghalon i'n pwmpio'n galad. Ond diolch byth, cododd Dennis ar ei draed a dal ati i chwara.

Mi ges i fynd ar y cae yn diwadd. Dwedodd Roberto wrtha i am gynhesu, a thua phum munud cyn i'r gêm orffan, ymlaen â fi i gymryd lle Andy Robinson. Y blas cynta o gêm gystadleuol yn y gynghrair ers amser hir iawn. Teimlad braf. Mi gliriais y bêl i ffwrdd mewn

ambell sefyllfa bwysig, fe wnes rai tacls pwysig
ac amball i beth da arall roddodd eitha hwb i fi.
Gêm dda oedd hi i ni hefyd. Ennill 1–0 a dod
oddi yno naw pwynt yn glir ar ben y gynghrair
a naw gêm o'r tymor ar ôl.

Cyfnod o brofi fy hun a chwffio am le cyson
yn y tîm oedd hi rŵan. Roedd yn deimlad braf
ac mi fu'r gêm yn erbyn Rovers yn gychwyn ar
rediad da i mi. Ar y fainc yn gyson ac yn cael
dod ar y cae am gyfnoda hirach bob tro – ugain
munud yn erbyn Southend, hanner awr yn
erbyn Hartlepool – a theimlo fy hun yn cryfhau
gyda phob gêm. Mae bod yn ffit yn y *gym* yn un
peth, a bod yn ffit ar y maes ymarfar yn beth
arall ond mae ennill ffitrwydd ar y cae mewn
gêm gystadleuol yn rhywbeth gwahanol wedyn.
O leia ro'n i rŵan yn cael cyfle i brofi y dylwn i
fod yn y tîm o wythnos i wythnos.

Un peth a sylweddolais yn fuan iawn oedd
ei bod yn anodd creu argraff ar reolwr newydd.
Ro'n i wedi gorfod gadael tîm Kenny Jackett
oherwydd anaf a dod nôl rŵan i garfan Roberto
Martinez, rheolwr newydd a ganddo ei syniada'i
hun ar sut i chwara'r gêm. Nid yn unig hynny
ond roedd nifer o'r chwaraewyr a'u dull o
chwara yn ddiarth i mi hefyd. Mae ennill parch
y chwaraewyr proffesiynol sy'n cyd-chwara yn
beth pwysig iawn i bêl-droediwr. Teimlo'r hawl

i fod mewn tîm o un ar ddeg ar y cae.

Rŵan, roedd yn rhaid i fi brofi i'm cyd-chwaraewyr fy mod i'n haeddu fy lle yn y garfan ac yn y tîm cynta. Doedd y rhai newydd ddim yn gwbod dim byd amdana i. A phwy fasa'n eu beio nhw am feddwl iddyn nhw eu hunain, 'Pwy yw'r hogyn 'ma?' 'Be mae o'n gallu 'i wneud?'

Am fod y bòs yn newydd hefyd wrth gwrs, roedd y ffordd o chwara wedi newid. Mae'n wir fod gwylio cymaint o gêma o'r stand wedi golygu mod i wedi gallu astudio'r tactega'n fanwl. Ro'n i wedi astudio sgilia a gallu pob chwaraewr unigol yn ofalus. Ro'n i bron wedi astudio pob darn o laswellt ar y cae o'r stand hefyd! Yn sicr bues i yno'n ddigon hir i allu cyfri pob glaswelltyn!

Wrth wylio, roedd un cwestiwn amlwg yn codi. Sut byddwn i'n ffitio i mewn i'r patrwm newydd yma? I radda, roedd gorfod eistedd ac edrych mor hir wedi rhoi amsar i mi feddwl am y peth a dod o hyd i atebion. I radda. Matar arall ydi gwneud y peth ar y cae. Mi fydda wedi bod yn dipyn mwy o help petawn i wedi gallu ymarfar gyda'r rheolwr a'r chwaraewyr newydd o'r cychwyn cynta.

Roedd angan i fi newid yn feddyliol. Gobaith Kenny Jackett oedd i fi fod yn chwaraewr canol cae ymosodol a fyddai'n sgorio gols yn

41

gyson. Doedd Martinez ddim am fy nefnyddio yn yr un ffordd. Roedd o am i mi fod yn fwy amddiffynnol.

Ar ddiwedd y tymor mi ges ddechra amball gêm. Roedd hynny'n grêt. Dw i ddim y fath o chwaraewr sy'n cael effaith ar y gêm ar ôl dod ymlaen oddi ar y fainc. Bydda i'n cryfhau wrth i'r gêm fynd yn ei blaen. Mi ga i hannar cynta taclus, yn setlo, yn rheoli, yn darllen eu gêm. Ac yna yn yr ail hanner dylanwadu dipyn yn fwy.

Ond doedd y gêma y ces i gyfla i chwara ynddyn nhw ddim yn rhai cyffredin ac mi wyddwn na fydda petha'n hawdd. Wedi'r cyfan, roedd y Swans yn hedfan ar frig y Gynghrair Gyntaf ac roedd y Bencampwriaeth ar y gorwel.

CAP I GYMRU

RO'N I'N GWYBOD BOD John Toshack, rheolwr Cymru, wedi bod yn cadw llygad arna i ers tro byd – ers fy nghyfnod gyda Bangor a deud y gwir. Ces wybod iddo anfon eraill i ngwylio i'n chwara a'i fod o ei hun hefyd wedi dod i'm gweld unwaith. Roedd yn braf gwybod hynny, wrth gwrs, ond roedd hefyd yn rhoi pwysa ychwanegol arna i, i godi lefel fy ngêm. Doedd hynny ddim yn beth drwg.

Wedi ymuno â'r Swans, mi wyddwn y bydda rheolwr Cymru yn talu mwy o sylw i mi rŵan. A dyna ddigwyddodd. Daeth neges un diwrnod – 'Mae John Toshack am dy gyfarfod di. Mae'n dod draw i Abertawe ac ma o isie trefnu i dy weld ti.'

Ar y pryd, do'n i ddim yn gallu coelio'r peth. Er nad o'n i'n chwara i'r tîm cynta, roedd rheolwr Cymru yn gofyn am gyfarfod. Roedd petha'n dechra symud yn gyflym iawn felly. Ar y dyddiad a gafodd ei drefnu, mi aeth Sam Ricketts â fi draw i'r Mwmbwls i gyfarfod ag o. Roedd o yn un o amddiffynwyr y Swans ac yn aelod o garfan Cymru. Dros goffi yn Verdi's wrth ymyl y môr, cymerodd Toshack amser i esbonio sut roedd yn ystyried y ddau ohonon ni. Roedd cynllunia pendant ganddo, meddai, ac roedd am ddeud wrthan ni lle roeddan ni'n ffitio i mewn i'r cynllunia hynny.

'*I like what I see,*' medda fo wrtha i. '*You're a little raw, but there's potential, certainly.*'

Roedd hynny'n ddigon i mi. Dim ond ychydig fisoedd oedd ers i mi droi'n broffesiynol a dyma sôn yn barod am fod yn rhan o garfan Cymru, a gêm yn erbyn Paraguay ar y gorwel. Ond yna, daeth y gêm Nos Galan 2005 yn erbyn Swindon i chwalu'r gobeithion am gap ac yn gychwyn ar y ddwy flynedd hunllefus dw i wedi sôn amdanyn nhw'n barod. Ond siom fawr oedd y siom o fethu ag ennill y cap cynta hwnnw a chyn belled ag y gwyddwn i, roedd rheolwr tîm Cymru wedi anghofio amdana i.

Daeth y cyfle nesa i gael y cap cynta anodd hwnnw ym mis Mawrth 2008. Gêm i ffwrdd yn Lwcsembwrg. Ces fy newis ar y fainc a chapia cynta yn cael eu rhoi i Boaz Myhill, golwr Hull ac i Ashley Williams. Roedd o ar y pryd yn Stockport County ond erbyn heddiw, mae o efo fi yn y Swans.

Dyna'r gêm pan oedd Toshack yn gorfod eistedd yn y stand am ei fod ar ffyn bagla. Ond daeth Paul Jones i lawr ata i a deud y byddwn i'n cael mynd ar y cae yn yr ail hanner. Felly rhaid oedd dechra cynhesu, roedd y cap cynta o fewn cyrraedd. Ond... Sawl gwaith dw i wedi gorfod deud 'ond' yn fy ngyrfa tybed? Gormod o lawar yw'r atab syml.

Yr 'ond' y tro hwn oedd i Freddie Eastwood sgorio dwy gôl i Gymru felly faint o obaith oedd y bydda Toshack yn newid tîm llwyddiannus. Cadw'r fainc yn boeth am ychydig amsar eto fyddwn i. Dyna aeth trwy fy meddwl i ond diolch byth nid dyna sut roedd y bòs yn gweld petha. Ymlaen â fi. Ennill y cap cynta. Teimlad o falchder wrth gynrychioli fy ngwlad. *Cliché* falle, ond teimlad dwfn iawn a real. Er i mi holi fy hun, 'Oeddwn i'n haeddu fy lle mewn tîm rhyngwladol?' Roedd ateb pendant gan Toshack i mi:

"Listen, it's up to me to decide that. I put you in the team. It's up to you to stay there!"

Doedd dim dadla gyda'r fath safbwynt. Dilynodd cyfnod o hyfforddi cyson gyda charfan Cymru a hynny yn ei dro o gymorth mawr yn y broses o gryfhau'n gynt. Roedd bod yng ngharfan Cymru yn help i fi ennill fy lle yn nhîm y Swans, ac roedd bod yn rhan o dîm y Swans yn help i mi gyrraedd safon y tîm rhyngwladol. Yn ffodus roedd steil Martinez o chwara yn eitha rhyngwladol ei naws. Hawdd felly fuodd addasu i batrwm Cymru o chwara.

Gwlad yr Iâ oedd y gêm nesa i Gymru, a fy enw i ar restr y garfan unwaith eto. Teimlad braf oedd hynny. Cael dilyn y cap cynta gyda'r siawns o gael ail gap yn go gyflym. Ac mi ddoth. Mi es ar y cae am ugain munud yn yr ail hanner. A gwell byth, enillodd Cymru hefyd. Dau gap a Chymru'n ennill ddwywaith.

Ro'n i wedi cael blas rŵan ac isio mwy. Ymhen rhai dyddia, roedd Cymru yn chwara yn yr Iseldiroedd. Gêm gyfeillgar i Gymru, ond roedd yn rhan o baratoada Euro 2008 i'r Iseldiroedd – un o dima rhyngwladol mawr y byd. Siom aruthrol i fi oedd clywad mai adre y byddwn i. Penderfyniad tactegol ar ran Toshack ond bu gwylio'r gêm ar y teledu yn anodd iawn i fi er mod i'n cydnabod i'r bòs wneud y penderfyniad cywir.

Rhaid oedd aros tan fis Tachwedd cyn cael y cyfle nesa i wisgo'r crys coch. Roedd Cymru wedi chwara pedair gêm yn y cyfamser pob un yn rowndia rhagbrofol cystadleuaeth Cwpan y Byd. Dwy gêm garte yn erbyn Azerbaijan a Lichtenstein a dwy gêm oddi cartre yn erbyn Rwsia a'r Almaen.

Do'n i ddim hyd yn oed yn y garfan ar gyfer gêma Azerbaijan a Rwsia. Ond y gêm anodda i'w gwylio ar y teledu, yn lle bod yno, oedd honno yn erbyn yr Almaen. Tîm mawr a oedd wedi ennill Cwpan y Byd deirgwaith. Enwa mawr fatha Michael Ballack yn chwara iddyn nhw. Byswn i wedi rhoi unrhyw beth am fod ar y fainc heb sôn am chwara y noson honno. 40,000 o dorf, sŵn ac awyrgylch anhygoel. Efalla na ches i ddigon o gyfle yn Abertawe i mi allu profi fy hun i Toshack. Petawn i ond wedi cael rhyw bum neu chwe gêm yn fwy i'r Swans y tymor hwnnw...

Ond daeth cyfle i fynd nôl i'r garfan yn yr hydref mewn gêm oddi cartra yn Denmarc. Lle da i fynd a thîm da i chwara yn eu herbyn. Ar y fainc ro'n i, ac mi ges i neges gan y ffisio yn dweud, 'Ti mlaen mewn deng munud'. Yna, wrth i mi gynhesu, fe sgoriodd Craig Bellamy. Tybed fyddai'r bòs yn newid ei feddwl ynglŷn â dod â fi ar y cae?

Ond mi ges gyfla yn yr ail hanner pan gafodd Aaron Ramsey ei dynnu oddi ar y cae ac ynta'n cael ei gap cynta dros Gymru. Roedd chwara yn y gêm honno'n golygu mwy i fi na'r ddwy gêm arall i Gymru. Ro'n i'n fwy ffit, wedi ymarfer yn galed ac yn fwy parod am y gêm. Ces gwpwl o gyffyrddiada digon defnyddiol, a llwyddo i glirio'r bêl yn y bocs ar adega pwysig wrth iddyn nhw bwyso i ddod nôl yn gyfartal.

47

Mae cymaint i'w ddysgu trwy fod yn rhan o garfan y tîm cenedlaethol – sesiyna ymarfer ar y cae ac yn y gampfa; trafod tactega a manteisio ar holl brofiad John Toshack, Roy Evans a Dean Saunders. Mae'n braf cael bod yn ymarfer ac ar y cae er mwyn gweld pa mor siarp ydi Craig Bellamy, pa mor dda ydi Koumas ar y bêl, a pha mor addawol ydi Gareth Bale ac Aaron Ramsey. Ond nid yn ystod y sesiyna ffurfiol yn unig, wrth gwrs, mae elwa o brofiad y bobol hyn.

Yng Ngwesty'r Vale ger y Bontfaen ym Morgannwg y bydd y garfan yn cyfarfod cyn gêm ryngwladol a dyma batrwm y diwrnod. Bob bore, sesiwn ymarfer tan hanner dydd; cawod wedyn a chinio am un o'r gloch; yna ymlacio trwy chwara gwahanol gêma yn y gwesty fel tenis bwrdd. Bydd cyfle hefyd i ddefnyddio'r *gym*. Ond yn bwysicach na dim efalla cawn gyfle i ddod i nabod ein gilydd yn well. Wrth ymlacio, dw i'n hoff iawn o ddau gadget, Nintendo DS bach a'r iPod. Os na fydda i ar y gadgets yna bydda i'n darllen neu'n gwylio DVD.

Fel arfar, rydan ni'n rhannu stafelloedd. Yr unig rai na fydd yn rhannu yw'r rhai mwya profiadol, fatha Craig Bellamy, sy'n cael stafell iddo fo'i hun. Efo Ashley Williams bydda i'n rhannu fel rheol, nid yn unig am i ni ennill ein capia cynta yn yr un gêm, ond hefyd mae o erbyn hyn yn chwara i'r Swans. Felly mae'n rhwydd siarad efo fo ac mae o'n gwmni da.

Erbyn heddiw, mae safon tima rhyngwladol wedi gwella'n aruthrol ym mhob rhan o'r byd. Does dim gêm 'hawdd' i neb, bellach. Mae gwledydd bychain yn gallu rhoi gêm anodd i dima safonol fel yr Almaen, Ffrainc, Sbaen a Lloegr, yn enwedig pan fyddan nhw'n wynebu rheini oddi cartre. Pam oddi cartre? Wel am eu bod yn cael chwara mewn stadiwm wych ac o flaen torf enfawr, yn hytrach nag ar eu tomen eu hunain, ar gae braidd yn gyffredin ac o flaen torf o ychydig filoedd yn unig. Hynny ydi, mae'r awyrgylch yn Wembley, dyweder, yn gallu sbarduno'r tima bach i godi safon eu chwara fel eu bod nhw'n llawer mwy cystadleuol na'r disgwyl. Ma stadiwm chwartar llawn o gefnogwyr Cymru yn gallu lladd ychydig ar yr ysbryd, o'i gymharu â'r awyrgylch y bydd dros 40,000 o gefnogwyr y gwrthwynebwyr yn ei greu oddi cartra.

Mae rheswm arall hefyd, wrth gwrs, pam bod y gwledydd 'bach' wedi gwella cymaint. Erbyn heddiw, mae llawer o bêl-droedwyr o wahanol rannau o'r byd yn ennill eu bywoliaeth ar y safon ucha, yn y cynghreiriau mawr yn Lloegr. Yn y gêm yn erbyn Denmarc, roedd Daniel Agger yn chwara. Mae o'n chwara i Lerpwl ac felly roedd carfan Cymru yn gyfarwydd â'i steil o. Caiff cymaint mwy o'r gêma eu dangos ar y bocs hefyd, a gallwn ni wylio timoedd o ben draw'r byd yn chwara a dod yn gyfarwydd â'u harddull.

Mae'n braf cael mynd i ffwr' gyda'r bois eraill hefyd er mwyn gweld sut ma chwaraewyr sy'n ennill mwy o bres na fi'n byw. Mae clywed am eu ffordd o fyw, a gweld sut maen nhw'n gwario eu pres mewn gwledydd tramor yn dangos y posibiliada!

I FYNY!

YCHYDIG WYTHNOSA OEDD AR ôl o dymor 2007–08 a'r cyfan oedd yn rhaid neud oedd cadw pen a pheidio taflu pwyntia gwirion i ffwrdd. Siawns, felly, y bydden ni'n chwara yn y Bencampwriaeth y tymor wedyn. Ond doedd cael dyrchafiad ynddo'i hun ddim yn ddigon. Roedd y rheolwr a'r cefnogwyr yn disgwyl i ni orffen y tymor ar y brig, fel pencampwyr y gynghrair. Doedd dod yn ail, neu bod yn rhan o'r gêma ail gyfle, ddim yn opsiwn, bellach. Roedd y profiad yn erbyn Barnsley wedi dysgu'r wers honno i ni.

Serch hynny, mi ddechreuodd petha fynd o chwith. Mynydd o gêma o'n blaen ni. Wyth yn ystod mis Mawrth yn unig, a'r cynta yn erbyn Huddersfield. Dim ond tair o'r wyth gêm hynny enillon ni. Colli pwyntia'n ddiangen a gweld y bwlch rhyngon ni a'r tîm agosa aton ni'n cau yn gyflym. Erbyn dechrau Ebrill roedd pawb yn dechra poeni ond pe gallen ni guro Bournemouth ddechrau Ebrill a phe bai Doncaster yn colli, yna mi fydden ni'n sicr o ddyrchafiad, o leia. Ond colli wnaethon ni, a

51

hynny yn y Liberty o flaen ein cefnogwyr ein hunain ac i dîm oedd yn brwydro i aros yn y gynghrair.

Yn y gêm honno ni aeth ar y blaen gynta, ond tua diwedd y gêm fe ddaethon nhw'n gyfartal. Yna, yn hwyr yn yr amsar ychwanegol, fe sgorion nhw'r gôl i'n curo ni. Roedd y dathlu *on hold* am dipyn. Tensiwn wrth anelu am y brig!

Yn erbyn Caerliwelydd (Carlisle) oedd y gêm nesa. Roedd y tîm â'r record oddi cartra gora drwy'r tymor, sef ni, yn erbyn y tîm â'r record cartra gora'r tymor, sef Carlisle. Ro'n i ar y fainc unwaith eto. Doedd dim dathlu'r diwrnod hwnnw chwaith. Gêm gyfartal oedd hi. Doedd neb hyd hynny wedi sicrhau dyrchafiad.

Daeth diwrnod y gêm yn erbyn Gillingham. Dyma'r cyfla. Ennill hon ac roedd dyrchafiad yn sicr. Ma ffans y Swans yn rhai go arbennig rhaid dweud ac roedd bron i ddwy fil wedi teithio i Gillingham i'n cefnogi ni. Yn ogystal, roedd y clwb wedi trefnu bod y gêm yn cael ei dangos yn fyw ar y sgrin yn un o stafelloedd Stadiwm Liberty. Roedd tua dwy fil yno hefyd yn gwylio'r gêm.

Cawson ni ein siomi gan y dechra gwaetha posib. Rhoi gôl i ffwr' yn gynnar yn yr hanner cynta. Roedd angen dwy gôl felly i sicrhau'r fuddugoliaeth. Ac fe ddoth y ddwy, diolch i'r drefn. Guillem Bauza yn sgorio'r gynta munud cyn hannar amser. A fo sgoriodd yr ail hefyd, munud i mewn i amsar ychwanegol yr hanner cynta. Cyn diwedd y gêm, gofynnodd Martinez i fi gynhesu, ac ar y cae â fi, i gymryd lle'r sgoriwr Bauza.

Mi ddoth y chwiban ola. Roedd y Swans rŵan wedi ennill eu lle yn y Bencampwriaeth. Ro'n ni yn ail ris y Gymdeithas Bêl-droed am y tro cynta ers 24 blynedd. A finna wedi bod ar fy nghefn ar wely yn cael triniaeth am gymaint o amser. Rŵan ro'n i uwchben fy nigon yn dathlu ar y cae, o flaen y cefnogwyr a fu mor ffyddlon drwy'r tymor.

Yn y bws ar y ffordd adre, mi ges ddigon o dynnu coes gan bawb, a mwynhau pob munud ohono fo. Fi, meddan nhw, wedi bod yn ymlacio'n braf am wythnosa, yn dod nôl rŵan i fwynhau'r dathlu – y dathlu roeddan nhw i gyd wedi gweithio mor galed i'w sicrhau drwy'r tymor. Minna wedi cwffio nôl i'r sefyllfa ro'n i ynddi y diwrnod hwnnw, yn erbyn anawstera na fyddai'r rhan fwya o chwaraewyr proffesiynol yn gorfod ei wynebu yn ystod eu gyrfa. Na, ro'n i'n gallu cymryd fy lle'n haeddiannol gyda'r gweddill – a mwynhau pob munud.

Roedd dyrchafiad wedi cael ei sicrhau yn Gillingham ond roedd mwy i'w neud cyn gorffen ar frig y gynghrair. Mi allen ni neud hynny trwy guro Yeovil gartre yn y gêm nesa. Ond fydda hynny ddim yn hawdd oherwydd roedd Yeovil yn dîm anodd i'w curo ar y gora. A cholli naethon ni hefyd, o ddwy gôl i un. Roedd yr awyrgylch ymysg y chwaraewyr a'r cefnogwyr yn y Liberty yn wahanol iawn i'r hyn oedd o, wythnos ynghynt. Nes i ganlyniad un gêm arall gael ei gyhoeddi dros y *tannoy*! Roedd Carliwelydd (Carlisle), y tîm oedd yn ail yn y gynghrair, wedi colli yn Southend. Roedd hynny'n golygu na allai neb rŵan fynd â'n lle ni ar frig y tabl. Mwya sydyn, roedd y siom o golli i Yeovil wedi troi'n ddathlu a deunaw mil a hanner o gefnogwyr yn morio canu. Ac enw Roberto Martinez yn atseinio o gwmpas y Liberty, wrth gwrs. Y Swans oedd y pencampwyr!

Nôl ar y maes ymarfer, roedd fy meddwl i wedi dechra crwydro i'r un peth anffodus ddigwyddodd yn y gêm fythgofiadwy honno yn erbyn Yeovil. Cafodd Darren Pratley garden goch am dacl wael bedair munud i mewn i'r amser ychwanegol ar ddiwedd y gêm. Felly fyddai hi ddim yn bosib iddo chwara yn nwy gêm ola'r tymor.

Mi wnes ymarfar yn galad iawn yr wythnos honno gan fod cyfla i ddechrau gêm. Roedd hi wedi bod yn braf cael chwe gêm fel *sub*. Ond, ro'n i'n gweld isie'r tensiwn nerfus yna sy'n amlwg cyn cychwyn gêm. A diolch byth fe ges fy newis. Allen i ddim bod wedi cael gwell gêm i'w dechra chwaith. Roedden ni ar y blaen o bedair gôl cyn hanner amser. Bauza yn sgorio ei hat trick cynta i'r clwb. Roedd dylanwad ei ffrind, Torres yn amlwg arno!

Mi ddylen ni fod wedi derbyn Tlws y Bencampwriaeth oddi wrth gynrychiolwyr yr FA ar ôl y gêm honno yn y Liberty yn erbyn Orient. Lle gwell i gael tlws y pencampwyr nag o flaen ein ffans ni ein hunain, adra? Ond nid dyna ddigwyddodd. Roedd Leeds United wedi herio penderfyniad yr FA i dynnu 15 pwynt oddi arnyn nhw ar ddechra'r tymor, am iddyn nhw fynd i drafferthion ariannol y flwyddyn cynt. Pe bydda Leeds yn ennill eu hachos llys ac yn cael y pwyntia hynny'n ôl, yna falla mai nhw ac nid y Swans fyddai'r pencampwyr.

Ond, ddigwyddodd hynny ddim. Collodd Leeds yr achos llys, a chawson nhw mo'r 15 pwynt yn ôl, felly ni oedd y pencampwyr. Cawson ni sawl achos i ddathlu. Dathlu cael dyrchafiad yn Gillingham. Dathlu bod yn bencampwyr heb dderbyn y tlws ar ôl gêm Yeovil adra. Ac roedd un dathliad arall i ddod, o leia.

Gêm ola'r tymor yn Brighton. Finna'n dechra'r gêm unwaith eto. Lle anodd i chwara yw Brighton a doedd hynny erioed wedi bod yn fwy amlwg na'r diwrnod hwnnw. Yr wythnos gynt, 19,000 yn y Liberty. Yn Brighton, mewn hen stadiwm roeddan ni'n chwara o flaen cwta 7,000 o gefnogwyr. Roedd bron i fil o'r rheini yn gefnogwyr y Swans. Â'r gêm yn ddi-sgôr heb ddim ond rhyw 20 munud i fynd, sgoriodd Fabien Brandy i ni. Ac un i ddim oedd hi ar y diwedd.

Buddugoliaeth yng ngêm ola'r tymor felly. A hefyd, cyrraedd 92 o bwyntiau am y tymor, record i'r clwb. Ond yn fwy na hynny, roedd swyddogion yr FA yno'r diwrnod hwnnw. Cafodd platfform arbennig ei godi ac roedd y tlws yno hefyd. O'r diwedd!

Chwaraeodd Brighton eu rhan yn y dathlu, chwara teg. Ffurfiodd y stiwardiaid a'r *ball boys*, linell wrth geg y twnnel yn barod i groesawu ein tîm ni nôl allan ar y cae i dderbyn y tlws. Roberto Martinez oedd ar flaen ein gorymdaith ni. Roedd pawb am iddo fo ein harwain ni ac unwaith eto ei enw fo oedd i'w glywed yng nghanu buddugoliaethus y ffans yn Brighton. Camodd Garry Monk ar y platfform ac roedd tlws Pencampwyr Cynghrair Un yr FA yn ddiogel yn ei ddwylo. Awe!

Roedd yn rhaid rhannu'r llwyddiant a'r dathlu gyda phobol Abertawe, wrth gwrs. Trefnodd y cyngor y derbyniad swyddogol i'n cydnabod fel pencampwyr. Allan â'r bws heb

do, ac i ffwr' â ni drwy strydoedd Abertawe a
rheini'n llawn cefnogwyr. Baneri du a gwyn,
crysau, posteri â negeseuon i'n llongyfarch a'n
canmol.

Ynghanol y cyfan, aeth un peth od drwy
fy meddwl. Am ryw reswm daeth y ffilm am
y rheolwr pêl-droed ffuglenol Mike Bassett i
fy meddwl. O ble, dwn i ddim. Ond ro'n i'n
ofni y byddai gyrrwr ein bws ni'n gwneud yr
un camgymeriad â'r un yn y ffilm. Cymryd y
tro anghywir a dyna ni wedyn ar yr M4 ac ar y
ffordd i Gaerdydd!

Ond doedd fawr o obaith i hynny ddigwydd.
Mae'n debyg i ni gael yr un bws ag a gafodd
ei ddefnyddio i fynd â Swans buddugol John
Toshack o gwmpas pan lwyddodd rheini i
ddringo i'r lefel ucha un flynyddoedd ynghynt.
Diwrnod i'r brenin!

Teimlad braf oedd gwybod i ni lwyddo hefyd
gyda'r math o bêl-droed roeddan ni'n ei chwara
– pêl-droed deniadol, rhydd ac agored. Y math o
bêl-droed na fyddai yn ennill tlws i unrhyw dîm
yn ôl llawer o bobl. Ond nid dyna athroniaeth
Roberto Martinez. Mae o'n wahanol i'r rhan
fwya o reolwyr traddodiadol y gêm Brydeinig.
Am sawl rheswm, felly ro'n i'n falch mod i wedi
gallu cymryd fy lle yn ei garfan lwyddiannus.

BLAS CYNTA
AR Y BENCAMPWRIAETH

AR DDECHRA TYMOR NEWYDD 2008–09, roedd yn rhaid dod yn gyfarwydd ag enwa newydd. Wrth gwrs yr hogia newydd oedd wedi ymuno â'r Swans, ond hefyd y tima, y chwaraewyr a'r caea gwahanol y bydden ni'n gorfod dod yn gyfarwydd â nhw yn ystod y tymor. Ond yr un ydi dullia ymarfer Roberto Martinez o hyd – yr un tactega, yr un sgilia, yr un lefel o ffitrwydd – ond bod ei ddisgwyliada, rŵan, yn dipyn uwch. Rhaid cyrraedd safon arbennig o ymarfer, erbyn hyn, neu mi gawn ein cosbi.

Yr unig wahaniaeth yn yr ymarfer ers ymuno â'r Bencampwriaeth yw bod Martinez nawr yn fwy tebygol o roi dirwy i ni'r chwaraewyr am beidio â chyrraedd safon arbennig. Yn ystod pob sesiwn ymarfer ac yn y *gym*, mae disgwyl i bob chwaraewr unigol gysylltu ei hun wrth *heart rate monitor* fel bod yr hyfforddwr yn gallu gweld faint o ymdrech bydd pawb yn ei neud. Mae unrhyw un sy'n gwrthod y *monitor* yn cael dirwy o £10 y tro. Digon teg!

Mae'n siŵr bod y penaethiaid, y dynion busnes a'r arian, wedi gorfod meddwl yn gynt na ni am fywyd yn y Bencampwriaeth. O'r funud roedd dyrchafiad yn ddiogel, mae'n siŵr iddyn nhw fod wrthi'n cynllunio. Doedden ni ddim yn gallu meddwl fel'na, gan fod gêma ar ôl i'w chwara a bod angen sicrhau bod yn bencampwyr.

Y ddau beth oedd fwya ar ein meddylia ynglŷn â rhaglen y tymor oedd y bydden ni'n gorfod wynebu tima oedd newydd golli eu lle yn yr Uwch Gynghrair. Bydden ni hefyd yn chwara Caerdydd, ein 'gelynion' penna. Roedd meddwl am hynny'n dod â dŵr i ddannadd pob un ohonon ni. A hefyd yn codi'r cwestiwn – a fydden ni'n gallu cystadlu i'r un safon â nhw? Allen ni fynd i gaea enwog Birmingham, Wolves neu Reading ac ennill pwyntia yno? Roedden nhw'n gallu gweithredu ar lefel wahanol i ni'r Swans. Roedd tîm fel Notts Fforest wedi bod ar y brig, yn Ewrop, ochr yn ochr â'r gora. Roedden nhw'n gallu talu £2 filiwn a hannar am Earnshaw. Fel pawb arall o'r garfan, ro'n i'n edrych ymlaen at y sialens.

Sut bynnag, doedd dim rhaid poeni oherwydd mi welson ni'n fuan bod safon chwara'r Swans yn gallu bod cystal â safon unrhyw dîm arall yn y gynghrair, ac yn well hefyd na'r rhan fwya ohonyn nhw. Mi ddaeth yn amlwg i ni i gyd nad oes cymaint â hynny o fwlch rhwng safon Cynghrair Un a safon y Bencampwriaeth, heblaw falla am allu ambell streicar – rydan ni wedi gweld yn barod mor beryglus o effeithiol ydi rhywun fel Kevin Phillips, blaenwr Birmingham.

Un peth siomedig ar ddechra'r tymor, oedd agwedd y wasg Seisnig tuag aton ni. Am ryw reswm roedd rhai papura wedi penderfynu na fyddai gynnon ni unrhyw obaith o aros mwy na thymor yn y Bencampwriaeth ac y bydden ni'n cael ein tynnu'n ddarna bob Sadwrn bron. Mi greon nhw stori bod gwendid gynnon ni wrth amddiffyn corneli a chicia rhydd. Ond maen nhw wedi gorfod llyncu'u geiria erbyn hyn.

Un rheswm dros eu hagwedd wael tuag aton ni, mae'n siŵr, oedd yr hyn ddeudodd Martinez ar ddechra'r tymor. *'Footballing arrogance, that's what I want!'* medda fo ac mi ddaru ambell ddyn papur newydd ei gam-ddallt, wrth gwrs. Iddyn nhw, *footballing cockiness* oedd o. Ond yr hyn roedd Roberto'n galw amdano, oedd bod gynon ni'r chwaraewyr yr hyder i chwara pêl-droed deniadol. Erbyn rŵan mae pob tîm yn y gynghrair, yn ogystal â bois y wasg, yn gweld be oedd gyno fo mewn golwg. Does dim llawer o dima yn y Bencampwriaeth sy'n fwy deniadol i'w gwylio, o Sadwrn i Sadwrn, na'r Swans. Erbyn rŵan hefyd, mae'r term *footballing arrogance* yn cael ei ddefnyddio fwyfwy i gyfeirio at y math o chwara hyderus sydd gan dîm Martinez.

Ond mae gwersi i'w dysgu o hyd, wrth gwrs, fel mae'r wyth gêm gyfartal yn olynol yn ddiweddar yn ei brofi. Os am hedfan yn uwch eto, a chyrraedd yr Uwch Gynghrair, yna rhaid anelu i fod yn fwy clinigol a sicrhau mwy o fuddugoliaetha yn hytrach na gêma cyfartal. Dyna ydi neges y rheolwr i'w dîm, ac mae hynny wedi dechra digwydd yn barod.

Wrth i mi sgwennu'r atgofion hyn, dw i'n gallu edrych yn ôl a gweld mod i wedi cychwyn wyth gêm yn y Bencampwriaeth a dod ymlaen fel eilydd ar dri achlysur arall. Mae hynny'n fwy o bêl-droed nag a ges i drwy gydol y flwyddyn, llynedd. Sy'n golygu, gobeithio, fod petha'n gwella i mi a bod cyfnod yr anafiada wedi dod i ben. Coeliwch fi, mae'n gymaint brafiach cael bod allan ar y maes ymarfer efo pêl wrth fy nhraed na bod yn gorwedd ar fwrdd y ffisio yn derbyn triniaeth. Mae'n braf hefyd cael patrwm yn ôl i'm bywyd fel pêl-droediwr.

O ran diddordeb i chi, dyma'n fras ydi patrwm yr wythnos i garfan y Swans. Bydd y patrwm yn amrywio rhywfaint, wrth gwrs, pan fydd dwy gêm o fewn yr un wythnos, neu pan

61

fyddwn ni'n gorfod mynd oddi cartre. Hwn serch hynny yw'r patrwm arferol –

- Ar ôl gêm dydd Sadwrn, cael dydd Sul yn rhydd.

- Bore Llun, sesiwn galed yn gym Glamorgan, ger Llandarcy ar gyrion Abertawe.

- Bore Mawrth, sesiwn high intensity. Y sesiwn yma'n dipyn caletach nag un y diwrnod cynt.

- Dydd Mercher yn rhydd.

- Dydd Iau, sesiwn lawn o ymarferiada ar batryma ymosod ac amddiffyn – o basio'r bêl ac o drafod tactega a gweithredu arnyn nhw. Yna, draw i'r Stadiwm i gael bath rhew (neu iâ) a massage i orffen. Ac oes, erbyn hynny mae angen y massage, coeliwch fi!

- Bore Gwener, sesiwn ysgafn. Rhyw awr o ymarfer wrth baratoi at y gêm sydd i ddod. Ond mae rhyddid hefyd i unrhyw un sy'n dymuno i fynd draw i'r gym, wedyn, ac mae llawer ohonon ni'n manteisio ar y cyfle hwnnw.

Ar ddiwrnod y gêm, mi fydda i'n bersonol yn codi tua hanner awr wedi wyth, cael brecwast ysgafn a mynd â'r ci am dro. Pryd ysgafn eto i ginio ac yna gadael y tŷ er mwyn cyrraedd y Liberty erbyn un o'r gloch. Am chwarter wedi un, bydd y Rheolwr yn ymuno â'r garfan i drafod y gêm.

Un peth na fydd un o'r chwaraewr isio'i glywed cyn gêm ydi llais Graham Jones, yr is-hyfforddwr, yn galw arno i fynd i stafell Roberto. Mae hynny cystal â deud na fydd o yn y tîm sy'n cychwyn y gêm, neu ar y fainc chwaith, falla. Ond o leia mae'r Rheolwr yn ddigon o ddyn i ddeud wrthon ni yn ein hwynab, er nad ydi hynny fawr o gysur yn amal.

BLE NESA?

MAE CWPAN YR FA wedi bod yn un o uchafbwyntia tymor 2008-9 hyd yma, efo'r Swans yn cael cyfla i ymddangos ar lwyfan ehangach.

Ro'n yn y tîm i chwara yn Histon ac roedd rhai ohonon ni'n teimlo rhywfaint o dyndra ac o bryder o gofio be ddigwyddodd yn Havant and Waterlooville y llynedd. Oherwydd y tywydd, bu'n rhaid gohirio'r gêm am wythnos ac roedd hynny'n niwsans llwyr a deud y gwir. Gwlyb oedd hi yno at yr ail gêm hefyd ond mi benderfynodd y dyfarnwr ganiatáu i ni chwara.

Cae bychan sydd gan Histon, gyda'r cefnogwyr yn sefyll yn agos iawn at y lein. Mae peth felly'n gweithio o blaid y tîm cartre yn amlach na pheidio ac roeddan ni'n gwybod bod rhai o dima'r Gynghrair wedi colli yno yn y gorffennol.

Cynllun Histon oedd creu trafferthion i ni yn y *set pieces* ond roedd Roberto wedi rhagweld hynny ac wedi'n paratoi ni ar gyfer gêm gorfforol. A chorfforol iawn oedd hi hefyd.

Gwaeth nag unrhyw beth ro'n i wedi'i gael yng nghynghrair Cymru gyda Bangor. Ychydig funuda cyn diwedd yr hanner cynta, mi ges benelin caled ar dop fy mhen ac roedd y gwaed yn llifo i lawr fy ngwyneb gan droi fy nghrys gwyn yn goch. Bu'n rhaid gadael y cae, wrth gwrs, a finna unwaith eto'n ofni'r gwaetha ac yn diawlio fy lwc. Mi ges fynd yn ôl ar gyfer yr ail hanner efo bandej anferth am fy mhen ond gynted ag y gwnes i benio'r bêl dyma'r gwaedu'n dechra unwaith eto. Doedd gan Martinez ddim dewis wedyn ond fy eilyddio fel y gallwn gael pwytha yn yr anaf.

Y newydd da, fodd bynnag, oedd i ni ennill y gêm honno a chael y wobr o deithio i Portsmouth yn y rownd nesa. Tîm o'r Uwch Gynghrair a deiliaid y cwpan. Erbyn rŵan, wrth gwrs, mae pawb yn gwybod be ddigwyddodd yn y gêm honno hefyd. Y Swans yn ennill gyda steil a phapura Sul y Saeson yn dechra cyfeirio aton ni fel y 'Flying Swans'. Dwedodd Gary Mabbutt ar ITV mai'r Swans oedd y tîm i gadw llygaid arnyn nhw yn y Cwpan. Ond falla mai'r clod mwya a gawson ni oedd yr un na chlywodd y rhan fwya o'r cyhoedd. Peter Crouch a Jermaine Pennant – dau oedd wedi chwara ar y lefel ucha gyda Lerpwl – yn gofyn i un o fois y wasg ar ddiwadd y gêm:

'*Do they play like that all the time?*'

'*Yes, they do,*' medda hwnnw.

'*Waw! That's impressive. It was more like Champions League than the FA Cup.*'

Ia, clod yn wir!

Gêm gartre yn erbyn Fulham sydd ar y gorwel i ni rwân yn y Cwpan ac mae pawb yn edrych ymlaen at roi sioc arall i un o dima'r Uwch Gynghrair.

Mae gan y Swans garfan gref o chwaraewyr sy'n tynnu mlaen efo'i gilydd yn dda iawn erbyn hyn. Daw dylanwad Martinez arnyn nhw yn fwy a mwy amlwg. Daw'r gaffar o Gatalonia ond nid pawb sy'n gwybod iddo ddechra'i yrfa yn chwara i Real Zarragoza. Daeth i Brydain wedyn a chwara efo Wigan a'r Swans hefyd, wrth gwrs. Fo hefyd oedd y Sbaenwr cynta i sgorio yng nghwpan yr FA.

Cafodd carfan Abertawe ei chryfhau pan arwyddodd Martinez dri Sbaenwr ar ddechra'i gyfnod yma fel rheolwr – Angel, Orlandi, a Bauza – ac yn fuan y cawson nhw eu bedyddio efo'r enw *Y Tri Amigo*! Ychydig iawn iawn o Saesneg oedd ganddyn nhw ar y cychwyn. Dw i'n cofio deud 'helo' wrth Angel Rangel yn ei ddyddia cynnar, a doedd ganddo ddim syniad be o'n i'n ei ddeud. Ond, ar ôl dilyn cwrs yng Nghanolfan Addysg Oedolion y Kingsway yn Abertawe, mae'r tri erbyn heddiw'n eitha rhugl.

Mae rhagor o Sbaenwyr wedi ymuno â'r Tri Amigo ers hynny. Mae rhain yn cynnwys hyfforddwr y gôl-geidwaid ac un o'r ffisios ac mae awyrgylch gyfeillgar iawn yn rhedeg trwy'r garfan. Erbyn heddiw, rwy'n cyfri Orlandi ac Angel, yn ogystal â Ferrie Bodde, ymysg fy ffrindia gora yn y garfan, a hefyd Garry Monk a Leon Britton, wrth gwrs. Dw i wedi cyfeirio'n barod at fy nghyfeillgarwch efo Garry Monk ond rhaid crybwyll hefyd fy nyled i Leon Britton. Mi wnaeth Leon fwy na neb i'm helpu fi i setlo yn y garfan wedi i mi ymuno gynta efo'r clwb a dw i'n ddiolchgar iddo byth ers hynny. Dw i wedi ei weld yn datblygu'n aruthrol fel chwaraewr. Ar un adeg roedd yn ei chael hi'n anodd cael ei le ar y fainc yn yr Ail Gynghrair, ond rŵan mae o'n un o chwarewyr mwya allweddol yn y Bencampwriaeth.

Seren y garfan, mae'n siŵr gen i, ydi Ferrie Bodde. Hogyn o'r Iseldiroedd ydi Ferrie a fo sydd wedi hawlio fy safle i yn y tîm. A hynny'n haeddiannol, mae'n rhaid i mi ddeud. Mae o yn ei ail dymor erbyn hyn ac mae ei dalent yn amlwg i bawb. Mae ganddo allu arbennig i basio'r bêl ac i fynd heibio'i ddyn. Mae o'n gwybod hefyd sut i roi'r bêl yng nghefn y rhwyd. Does wybod faint o golia fydda fo wedi eu sgorio i'r Swans erbyn hyn petai o ddim wedi cael yr anaf drwg i'r *cruciate ligament* yn ei ben-glin. Oni bai am yr anaf hwnnw, mi fydda sawl tîm yn yr Uwch Gynghrair wedi trio'i brynu erbyn rŵan, does dim sy'n sicrach.

Un arall o gymeriada'r garfan ydi Jason Scotland. Yn ogystal â bod yn sgorio'n rheolaidd mae o hefyd yn dipyn o ges. Y dydd o'r blaen, er enghraifft, ar ôl sgorio cracar o gôl mewn sesiwn ymarfer, dyma fo'n plygu drosodd a smalio poen mawr yn ei gefn. Aeth Roberto ac ambell un arall ato i holi be oedd yn bod. A dyma fo'n gneud sŵn cwyno a deud bod y 21 pwynt roedd o wedi eu hennill i'r tîm yn faich rhy drwm i'w gario!

Ond mae wedi cymryd amser i Jason sefydlu'i hun yn y garfan a dod yn boblogaidd efo'r cefnogwyr. Doedd hi ddim yn hawdd iddo gymryd lle ffefryn mawr y Liberty pan adawodd hwnnw am Bristol City. Sôn am Lee Trundle ydw i, wrth gwrs. Roedd Lee yn chwaraewr talentog ac yn sgorio golia gwych i'r Swans a fo, hefyd, oedd y cymeriad mwya doniol i mi fod yn chwara yn yr un tîm â fo erioed. Cês a hanner, a deud y lleia! Ond mae Jason Scotland wedi dod i sgidia Lee erbyn rŵan, ac yn eu llenwi'n arbennig iawn.

Pan adawodd Lee Trundle ac Andy Robinson

y Swans roedd llawer o'r cefnogwyr yn meddwl fod y byd ar ben gan mai nhw oedd y *shakers and movers* yn y tîm. Erbyn heddiw, wrth gwrs, diolch i dactega Martinez, mae pob aelod o'r tîm mor bwysig â'i gilydd.

Does dim lle i sôn am bob aelod o'r garfan ond mae'n rhaid i mi gyfeirio at Joe Allen a'r ffordd mae o wedi datblygu fel chwaraewr. Mi ymunodd Joe, sy'n Gymro Cymraeg o Arberth, efo'r Swans yn ifanc iawn. Yn nhymor 2007–8, pan oedd o ond yn 16 oed, mi gafodd ddwy neu dair o gêma efo'r tîm cynta a chael ei ddewis yn *man of the match* yn un ohonyn nhw, sef y gêm yn erbyn Reading. Erbyn hyn, mae'n ddewis cynta yn nhîm Roberto ac yn ddiweddar mae hefyd wedi ennill ei le yng ngharfan dan 21 Cymru. Cyn bo hir mi fydd wedi cael ei le yn y garfan lawn. Does dim byd sy'n sicrach na hynny, a phob lwc iddo.

Ydi, mae'r Swans yn garfan liwgar iawn a dw i wrth fy modd yn cael bod yn rhan o'r cyfan. Dw i wedi cael mwy o gêma'r tymor yma nag ers amser hir ac yn teimlo, os rhywbeth, yn fwy ffit nag erioed, yn fy meddwl fy hun o leia. Ond, fel pob chwaraewr proffesiynol arall, cael chwara'n gyson ydi'r nod. Does dim sy'n fwy rhwystredig na bod ar y fainc o Sadwrn i Sadwrn, yn y gobaith o gael rhywfaint o amser ar y cae. A dydi peth felly'n gneud dim lles chwaith, wrth gwrs, i fy ngobeithion o gadw fy lle yng ngharfan Cymru.

Ar y bws yn ôl o Histon (o'r gêm gwpan a gafodd ei chanslo oherwydd y tywydd), dyma fi'n derbyn tecst gan ffrind yn gofyn oedd y stori roedd o newydd ei chlywed ar *Sky Sports News* yn wir. Yn ôl y newyddion, ro'n i ar fin gadael Abertawe. Ac nid yn unig hynny ond roedd sôn bod saith clwb gwahanol yn barod i gynnig contract i mi – Notts Forest, Southampton, Leicester, MK Dons, Charlton, Millwall a Bristol City. Duw â ŵyr o ble y cychwynnodd y stori honno ond roedd yn gysur gwybod na fyddwn i allan o waith pe bai'r Swans am gael gwared arna i.

Mi ymddangosodd rhagor o adroddiada tebyg yn y wasg dros yr wythnosa wedyn, ond dim ond dau glwb o'r Bencampwriaeth oedd yn cael eu henwi y tro hynny. Yn naturiol, ro'n i isio gwybod o ble roedd y stori wedi cychwyn ac a oedd amheuon ynglŷn â fy nyfodol i yn y Liberty. Os oedd disgwyl i mi adael, yna bydda'n well gen i neud hynny ar fenthyg i glwb arall. Yna byddwn i'n cael cyfle i ddod yn ôl wedyn, i adennill fy lle, gobeithio, yn nhîm Roberto Martinez. Daeth cynnig o Sheffield Wednesday amdana i ac roedd sôn bod Dean Saunders hefyd am fy nghael ar fenthyg i Wrecsam ond roedd Roberto'n bendant na chawn i ddim gadael gan ei fod am gadw'i garfan mor gry â phosib tan ddiwedd y tymor.

Dw i wedi trafod fy sefyllfa droeon efo Martinez yn ddiweddar, er mwyn cael gwybod lle dw i'n sefyll. Fi fasa'r cynta i gydnabod na ddylia fo ddim newid tîm sy'n chwara mor dda ac sy'n dringo yn y tabl. Wedi'r cyfan, mae Roberto wedi creu gwyrthia efo'r Clwb. Mae o wedi ennill dyrchafiad i'r Bencampwriaeth ac wedi meithrin safon o bêl-droed sy'n cael ei edmygu hyd yn oed gan chwaraewyr yr Uwch Gynghrair. Ac mae'n fraint i mi fod wedi cael bod yn rhan o'r llwyddiant hwnnw, wrth gwrs. Ond dydi hi ddim yn hawdd diodde bod yn segur ar y fainc o Sadwrn i Sadwrn ar ôl bod yn ymarfer yn galed gydol yr wythnos. A siom hefyd ydi peidio â bod ag unrhyw ran mewn gêma pwysig fel y gêm gwpan yn erbyn Portsmouth. Wrth gwrs, mae cannoedd o chwaraewyr eraill drwy'r wlad yn yr un sefyllfa â fi ond mi fentra i ddeud nad oes yr un ohonyn nhwytha chwaith yn rhy fodlon eu byd.

Ar hyn o bryd, mae barn Roberto Martinez yn ddigon clir. Dydi Tudur Jones ddim ar werth. A dw i'n falch iawn o glywed hynny, wrth gwrs, yn enwedig gan fod fy nghytundeb efo'r Swans yn dod i ben ar ddiwedd y tymor yma. Dw i ddim yn gwybod hyd yn hyn a fydda i'n cael cynnig cytundeb newydd ai peidio. Mae un peth yn siŵr, dydw i ddim yn awyddus i droi cefn ar y Liberty nac i symud o'r ardal. Mae Nikki, fy nghariad, a finna'n mwynhau byw yn Llanelli a braf fydda cael aros yma am flynyddoedd eto. Ond bellach nid fy mhenderfyniad i fydd hwnnw.

Beth bynnag fydd yn digwydd, dw i'n dymuno pob llwyddiant i Martinez a'r hogia. Os na fydd y Swans yn llwyddo i gyrraedd yr Uwch Gynghrair eleni, yna mi fyddan yn gneud hynny y tymor nesa. Dw i'n ffyddiog o hynny. Rhaid pwysleisio fod gen i ddyled fawr i Mr Huw Jenkins ac i Glwb Abertawe, ac mi fydd gan y Swans le agos iawn at fy nghalon i, lle bynnag y bydda i.